BARB

Keine Angst vor Kritik

So reagieren Sie souverän

Powerpack: BUCH und CD

KÖSEL

2. Auflage 2003

Druck und Bindung: Kösel, Kempten
Umschlag: Kaselow Design, München
Foto der Autorin (Umschlag und CD): © Studio Radeloff
ISBN 3-466-30608-6

Die beiliegende CD
»Vom etwas intelligenteren Umgang mit Kritik«
wurde von Cornelia Kazis
für Schweizer Radio DRS produziert

Inhalt

Einleitung

Als Expertin in Sachen Kommunikation beschäftige ich mich mit der Frage, wie Menschen wirksamer, aber auch reibungsloser miteinander reden können. Meine besondere Liebe gilt den schwierigen Brocken, den Strudeln und Fallgruben in Gesprächen. Ich mag es, wenn es kompliziert wird. Für viele Menschen gehört das Thema Kritik zu den schwierigen Brocken und zwar in beide Richtungen: andere zu kritisieren und selbst kritisiert zu werden.

In der Wirtschaft wurde längst erkannt, wie wichtig ein qualifiziertes Feedback ist. Nicht nur für die Zusammenarbeit innerhalb der Firma, sondern auch für den Kontakt mit Kunden und anderen Geschäftspartnern. Kritikfähigkeit ist eine Schlüsselqualifikation, das Geben und Nehmen von Rückmeldungen eine Managementtechnik.

Da ich wenig von allgemeinen Sprechblasen und langatmigen Theorien halte und lieber handfestes Können vermittle, sammle ich zu Beginn meiner Seminare gerne Fragen und Probleme, die den Teilnehmern auf den Nägeln brennen. Mich interessiert, welche Tipps und Strategien sie brauchen. Beim Thema Kritik tauchen folgende Fragen immer wieder auf:

»Ich trau mich nicht, andere zu kritisieren, weil ich nicht als Meckerziege dastehen will. Wie kann ich Kritik anbringen, ohne gleich eine schlechte Stimmung zu erzeugen?«

»Ich würde meinem Chef gern sagen, dass er mich über bestimmte Dinge rechtzeitiger informieren müsste. Kann man seinen Chef so einfach kritisieren? Besteht da nicht die Gefahr, dass man sich dabei Nachteile einhandelt?«

»Ich kann überhaupt keine Kritik vertragen. Wie kriege ich diese Empfindlichkeit in den Griff?«

»Was tue ich, wenn das Feedback völlig unsachlich ist?«

»Obwohl ich schon 42 Jahre alt bin, hat meine Mutter an allem, was ich tue und wie ich lebe, etwas auszusetzen. Wie kann ich verhindern, dass sie sich ständig in mein Leben einmischt?«

Ich liebe diese Fragen. Sie zeigen, dass es beim Thema Kritik ums pralle Leben geht. Es geht um unseren Alltag, um die Menschen, mit denen wir zusammen leben und arbeiten. Alle diese Fragen (und noch viele mehr) werden in den nachfolgenden drei Kapiteln beantwortet.

Mit dem Powerpack, das Sie in Ihren Händen halten, biete ich Ihnen eine Rundumbehandlung an. Das Thema Kritik ist wie eine Münze mit zwei Seiten und einem umlaufenden Rand. Die eine Seite ist das Kritisieren von anderen Menschen. Die andere Seite ist das Kritisiertwerden, das Annehmen der Kritik. Und der umlaufende Rand ist die Selbstkritik. Die Art und Weise, wie wir uns selbst beurteilen. Wenn Sie nur an einem dieser drei Themen interessiert sind, bitte ich Sie trotzdem, alle Kapitel zu lesen. Zusammen ergeben sie das ganze Bild. Denn wer Schwierigkeiten hat, Kritik auszusprechen, hat auch oft Probleme damit, Kritik anzunehmen. Und nicht selten steckt dahinter eine starke innere Selbstverurteilung.

Da Menschen vom Typ her sehr unterschiedlich sind, ist es manchmal notwendig, dass Sie die hier vorgestellten Gesprächsstrategien etwas abwandeln, damit sie zu Ihnen passen. Das gilt besonders für die Stellen, an denen ich Ihnen konkrete Formulierungen anbiete, Ihnen also vorschlage, was Sie beispielsweise sagen könnten. Vielleicht treffe ich damit nicht *Ihre* Art zu sprechen. Sie würden sich möglicherweise anders ausdrücken. Bleiben Sie Ihrer eigenen Wortwahl treu und drücken Sie das Ganze so aus, dass es zu Ihnen passt.

In diesem Powerpack präsentiere ich Ihnen einfache, leicht zu erlernende Strategien. Nichts, wofür Sie jahrelang studieren müssten. Wahrscheinlich haben Sie einiges davon sowieso schon getan. Es ist einfach das, was im Alltag funktioniert. Alles, was Sie in den nachfolgenden Kapiteln brauchbar finden, passt zu Ihnen. Aber wie bei jedem Ratgeber gilt: Bevor Sie den Stoff schlucken, zerkauen Sie ihn gründlich. Und was Ihnen nicht schmeckt, das lassen Sie liegen.

Ich wünsche Ihnen beim Lesen und auch beim späteren Ausprobieren viel Vergnügen.

Wie Sie ein Feedback geben, ohne den anderen zu verletzen

Ja, ich gebe es zu. Es fällt mir manchmal schwer, andere Menschen zu kritisieren. Ich gehöre zu den Leuten, die ihre Unzufriedenheit gern runterschlucken. Das sind diejenigen, die nach außen hin still sind, aber dafür hervorragend innerlich grollen können. Da wird nicht laut losgemeckert, sondern nur stumm geschmollt. Die Mitmenschen drumherum sind ahnungslos, denken, es ist alles in Ordnung, während sich neben ihnen ein Vulkan auf den Ausbruch vorbereitet. Ich habe Jahre gebraucht, um zu begreifen, dass Kritik kein Beinbruch ist und zu einer guten Beziehung gehört. Aber weil ich von Haus aus eher zu den Harmoniesüchtigen gehöre, kann ich Menschen gut verstehen, denen es so ähnlich geht wie mir. Ich weiß, wie schwer es sein kann, etwas Störendes wirklich ernst zu nehmen und dann ein Kritikgespräch zu führen. Wir Harmoniesüchtigen neigen dazu, das, was uns stört, erst einmal unter den Teppich zu kehren. In der Psychologie wird das

Rabattmarken sammeln genannt (der Begriff stammt aus der Transaktionsanalyse). Das klingt harmlos, ist es aber nicht. Es ist ein wahrhaft zerstörerischer Vorgang. Durchs Rabattmarken sammeln werden gute Beziehungen langsam aber sicher ausgetrocknet. Es lohnt sich, diesen Zerstörungsprozess genauer unter die Lupe zu nehmen. Nur wenn wir etwas durchschauen, können wir es schon zu Beginn stoppen.

Gute Beziehungen trocknen durch das Sammeln von Rabattmarken langsam aber sicher aus.

Rabattmarken sammeln

Vielleicht können Sie sich noch an die richtigen Rabattmarken erinnern (heute wird das Payback oder Bonuspunkte genannt). Als kleines Mädchen war ich gern bei meiner Oma zu Besuch und die sammelte Rabattmarken. Wenn sie im Lebensmittelgeschäft bezahlte, bekam sie nicht nur ihr Wechselgeld heraus, sondern auch eine lange Reihe von Klebemarken. Die sahen so ähnlich aus wie Briefmarken. Zu Hause angekommen, holte Oma ihr Rabattmarkenheft aus dem Küchenschrank und ich durfte die Marken einkleben, mit meiner eigenen Spucke. Wenn zwei oder drei Hefte vollgeklebt waren, wurden sie eingelöst. Ich weiß nicht mehr, was meine Oma damals dafür bekam. Auf jeden Fall bekam sie neue, noch ganz leere Rabattmarkenhefte, die ich wieder vollkleben durfte.

Das Rabattmarkensammeln, vom dem die Psychologie spricht, funktioniert ähnlich, aber es ist nicht so erfreulich. Stellen Sie sich vor, Sie hätten ein inneres, unsichtbares Rabattmarkenheft. Und dort sammeln Sie die Fehler anderer Menschen. Vor allem die Fehler der Menschen, die Ihnen nahe stehen. Menschen, mit denen Sie Tag für Tag auskommen müssen. Sie sammeln das, was diese Menschen in Ihren Augen falsch machen. Aber nach außen hin sagen Sie nichts. Sie lassen sich nichts anmerken. Aber jeder Fehler wird fein säuberlich innerlich festgehalten.

Hier ein typisches Beispiel dafür, wie das Rabattmarkensammeln am Arbeitsplatz funktionieren kann. Karin, eine meiner Seminarteilnehmerinnen, hat sehr eindrucksvoll beschrieben, wie harmlos alles begann. Sie arbeitete seit über zehn Jahren in einem Büro und verstand sich mit ihren Kollegen im Allgemeinen sehr gut. Nun teilte sie sich seit zwei Wochen mit einer neuen Kollegin einen Büroraum. Anfangs fand Karin die Neue sehr nett, aber dann fiel ihr Folgendes auf: Die neue Kollegin trank auch gern Kaffee, aber wenn sie den letzten Rest aus der Kanne getrunken hatte, sorgte sie nicht für Nachschub. Sie füllte die Kaffeemaschine nicht nach, sondern ließ die leere Kanne einfach stehen. Karin sagte nichts. Sie kochte frischen Kaffee, aber damit war die Sache nicht erledigt. Die Neue bekam einen Eintrag in Karins inneres Rabattmarkenheft. Die Sammlung war eröffnet. Mit anderen Worten: Das Störende wurde nicht ausgesprochen, dafür aber innerlich eingelagert. Und siehe da, zwei Tage später schnappte sich die Neue mal schnell Karins Taschenrechner vom Schreibtisch – ohne zu fragen, während Karin kurz auf dem WC war. Natürlich brachte die Kollegin den Taschenrechner auch zurück und deshalb hatte Karin auch nichts dazu gesagt, aber auch hier war ein kleiner Eintrag ins Rabattmarkenbuch fällig. Denn es war Karins Taschenrechner, der gehörte ihr privat. Aber wegen so einer Lappalie verlieren Menschen, denen Harmonie wichtig ist, kein Wort. Und so ging das Rabattmarkensammeln munter weiter. Im Laufe der Zeit fiel Karin auf, dass die neue Kollegin gern Radio hörte, während sie arbeitete. Karin selbst mochte das Gedudel im Hintergrund nicht, vor allen Dingen nicht den ganzen Tag lang. Aber auch hier blieb sie stumm. Und das Tag für Tag. Karins Rabattmarkensammlung wuchs sehr schnell, aber nach außen hin erschien immer noch alles ruhig und friedlich. Bis zu dem Tag, an dem das Rabattmarkenheft voll war und eingelöst wurde. Jedes Rabattmarkenheft ist irgendwann voll. Dann kommt der Moment der Abrechnung. Der aufgestaute Unmut, die eingelagerten Ärgernisse kommen alle zugleich zum Vorschein, inklusive der unterdrückten Gefühle. Explosionsartig. Und es reicht eine einzige letzte Rabattmarke, um das Fass zum Überlaufen zu bringen. Bei Karin war das an dem Tag, an dem sie trotz ihrer schlimmen Erkältung zur Arbeit ging. Sie saß am Schreibtisch, mit triefender Nase, Kopfschmerzen und einem dicken Schal um den Hals. Da kam die Neue aus der Mittagspause, murmelte etwas von frischer Luft und riss beide Fenster weit auf. Zugluft war nun wirklich das Letzte, was Karin brauchte. Und jetzt platzte ihr der Kragen. Mit verschnupfter, aber sehr lauter Stimme fuhr sie die Kollegin an und überhäufte sie mit allen gesammelten Rabattmarken. Karin nannte ihre Kollegin rücksichtslos und unverschämt. Die Neue war anfangs völlig verblüfft und verwirrt. Aber sie fasste sich schnell. Und – welche Überraschung – sie hatte auch ein innerliches Rabattmarkenheft angelegt und dort fleißig ihre Minusmarken über Karin gesammelt. Und genau diese Rabattmarken löste sie jetzt auch ein. Alles, was ihr an Karin nicht gefiel, kam jetzt zum Vorschein. Und so waren zwei Leute damit beschäftigt, sich Dinge vorzuwerfen, die an sich nur Kleinigkeiten waren und die auch noch wochen- oder monatelang zurücklagen. Die scheinbar so friedliche Zusammenarbeit zwischen den beiden war damit beendet. Beide wollten nicht länger in einem Büroraum arbeiten. In der Firma waren alle anderen Kollegen über den heftigen Streit erstaunt. Schließlich hatten die beiden doch so gut zusammengearbeitet.

Wenn Kleinigkeiten das Fass zum Überlaufen bringen

Dieses Rabattmarkensammeln läuft immer nach dem gleichen Muster ab. Es beginnt damit, dass eine Störung nicht ausgesprochen wird. Oft ist es nur eine Kleinigkeit, eine Bagatelle. Deshalb wird sie auch so gern verschwiegen. Aber es ist und bleibt eine Kritik, die eigentlich wichtig gewesen wäre. Statt die Sache direkt anzusprechen, wird die Kritik zurückgehalten, aber nicht, um zu vergeben und zu vergessen. Nein, sie wird innerlich eingelagert und im Gedächtnis gespeichert. Das Vertrackte daran ist, dass nach außen hin alles friedlich erscheint.

Rabattmarkensammler sind ›nette‹ Menschen. Kaum ein böses Wort kommt über ihre Lippen. Wenn überhaupt, dann meckern sie, wenn die Person, um die es geht, nicht da ist. Im Laufe der Zeit sammeln sich auf diese Weise immer mehr unterdrückte Kritikpunkte an. Meistens handelt es sich nur um Lappalien. Das geht so lange, bis das Fass überläuft. Das ist der Moment, bei dem eine weitere Kleinigkeit die Sache zur Explosion bringt, denn es hat sich zu viel Unmut angesammelt. Und der bricht nun aus. Jetzt wird nicht ordentlich, psychologisch-korrekt kritisiert, jetzt wird erbarmungslos abgerechnet. Ein sachliches Gespräch? Keine Chance. Der andere wird mit Missbilligung überschüttet. Und der wehrt sich meistens, indem er zum Gegenangriff übergeht.

Jeder Außenstehende merkt sofort, dass es nur um kleine Störungen geht. Diese aufgestauten Kleinigkeiten haben eine ungeheure Wucht, weil sie so lange zurückgehalten wurden. Wenn sie explosionsartig ans Licht kommen, können sie Freundschaften beenden, Ehen scheitern lassen und Nachbarn schalten einen Rechtsanwalt ein, um sich gegenseitig zu verklagen.

Aufgestaute Kleinigkeiten haben eine ungeheure Wucht, weil sie solange zurückgehalten wurden.

Störendes direkt ansprechen

Vielleicht haben Sie gemerkt, dass Sie auch hin und wieder zum Rabattmarkensammeln neigen. Das ist kein Grund zur Sorge. Gerade, wenn uns andere Menschen sehr wichtig sind, weil wir sie lieben, weil wir gern mit ihnen zusammen leben oder arbeiten, kann es passieren, dass wir zugunsten der guten Beziehung eine Störung nicht ansprechen. Wir wollen keinen Staub aufwirbeln, die Atmosphäre nicht vergiften. Aber letztlich schießen wir damit ein Eigentor. Denn jedes Rabattmarkenheft ist irgendwann voll. Die eingelagerte Kritik drängt ans Licht. Wie lässt sich dieses Rabattmarkensammeln vermeiden?

Gute Beziehungen kommen zustande, wenn Menschen sich trauen, alles ans Licht zu bringen.

Für uns Rabattmarkensammler ist es wichtig, zu verstehen, dass das Verschweigen von Störungen eine Beziehung nicht verbessert oder rettet. Langfristig gute Beziehungen kommen zustande, wenn Menschen sich trauen, alles ans Licht zu bringen: das Unangenehme, wie auch das Angenehme, das Störende, wie auch das Funktionierende.

Raus mit der Sprache. Sprechen Sie das, was Sie stört, direkt an.

Deshalb gilt: Raus mit der Sprache. Sprechen Sie das, was Sie stört, direkt an. Aber das ist leichter gesagt als getan. Denn wer es gewohnt ist, mit seiner Kritik zunächst hinterm Berg zu halten, dem fehlen spontan die richtigen Worten. Wie sag ich es dem anderen, wenn mich etwas stört?

Eine Bitte, die andere gern erfüllen

Ein Beispiel aus meinem Leben zeigt Ihnen, wie leicht es sein kann, etwas Störendes auf eine unkomplizierte Art direkt anzusprechen. Ich wohnte früher in einem fast schon antiken Mietshaus. Zwei Stockwerke unter mir, im Erdgeschoss, wohnte eine ältere Dame. Sie saß häufig an ihrem Küchenfenster und schaute dem Treiben auf der Straße zu. Das kam mir gerade recht, denn ich konnte tagsüber mein Fahrrad prima unter ihrem Küchenfenster parken, ohne es anzuschließen. Meine Nachbarin warf ein Auge darauf. Das war praktisch, wenn ich nur mal kurz in meine Wohnung hoch wollte, um etwas zu holen. Und im Sommer stellte ich mein Fahrrad abends nicht erst in den Keller, sondern parkte es auch unter ihrem Küchenfenster, jetzt natürlich mit Schloss, fest gesichert. Eines Morgens, als ich gerade die Treppen herunterkam, ging im Erdgeschoss die Tür meiner Nachbarin auf. Sie begrüßte mich und sagte: »Frau Berckhan. Ich habe eine Bitte an Sie. Wären Sie wohl so nett und würden Sie Ihr Rad nachts nicht unter meinem Küchenfenster abstellen. Ich habe Angst, dass es für Einbrecher ganz leicht wäre, über den Sattel Ihres Fahrrads in mein Küchenfenster einzusteigen. Könnten Sie Ihr Rad nachts woanders abstellen?« Ich antwortete: »Ja, mach ich.« Sie sagte daraufhin: »Oh, vielen Dank. Ich habe doch so eine Angst vor Einbrechern. Das ist nett von Ihnen. Also dann, einen schönen Tag noch.« Ich konnte verstehen, dass meine Nachbarin ein wenig ängstlich war. Obwohl ich glaubte, dass jeder Einbrecher auch prima ohne mein Rad in ihr Küchenfenster einsteigen konnte. Aber darum ging es nicht. Meine Nachbarin hatte eine Bitte an mich und die konnte ich ihr problemlos erfüllen. Ab jetzt stand mein Rad nachts nicht mehr direkt unter ihrem Fenster, sondern drei Meter davon entfernt. Weder mir noch meinem Rad machte das etwas aus. Meine Nachbarin war zufrieden, das Problem war gelöst.

Was hier so leicht und unspektakulär ablief, war ein gelungenes Beispiel dafür, wie man die richtigen Worte findet, wenn einen etwas stört. Meine Nachbarin hat das perfekt hinbekommen. Sie hat nicht zu lange gewartet mit ihrer Kritik. Sie hat mich in einem passenden Moment abgefangen und dann eine Bitte geäußert – mit Begründung. Dabei hat sie mich weder angegriffen, noch hat sie gejammert. Sie war freundlich, aber eindeutig. Und das war für mich unwiderstehlich. Es fiel mir leicht, ihrer Bitte nachzukommen, weil ich nicht das Gefühl hatte, dass mir ›ein Zacken aus meiner Krone fallen würde‹. Ich fühlte mich von ihr weder bevormundet noch getadelt. Deshalb leistete ich auch keinen Widerstand. Keine Diskussion darüber, dass Einbrecher auch ohne mein Rad bei ihr einsteigen könnten.

Wie Sie die richtigen Worte finden

Wenn Sie keine Rabattmarkensammlung mehr anlegen wollen, brauchen Sie diese unkomplizierte Art, etwas Störendes anzusprechen. Vergessen Sie dabei zunächst die Begriffe wie Kritik oder Störung. Benutzen Sie die Worte »bitte« oder »Ich habe einen Wunsch«:

»Könntest du bitte ...?«
»Ich wünsche mir, Sie ...«
»Ich hätte da einen Wunsch: Wäre es möglich ...?«

Wenn Sie wollen, sagen Sie Ihrem Gegenüber, warum Sie das gerne so hätten. Fügen Sie eine Begründung hinzu. Aber auch nur kurz. Wenn Sie ohne Vorwurf und ohne Gemecker Ihre Bitte ausdrücken, fühlt sich Ihr Gegenüber nicht unter Druck gesetzt. Die Chancen steigen, dass er oder sie ganz einfach tut, was Sie sich wünschen. Die Regel lautet: *Kleine Störungen klein halten*. Machen Sie kein Riesentamtam darum. Einer freundlichen Bitte oder einem Wunsch kommen wir gern nach, wenn es uns möglich ist. Aber tadeln, ausschimpfen, den Kopf zurechtrücken und wie diese Standpauken noch genannt werden – nein, das lassen wir uns nicht bieten. Drücken Sie sich so aus, dass Sie keinen unnötigen Widerstand erzeugen. Bleiben Sie freundlich. Sprechen Sie in einem höflichen Tonfall.

Wenn Sie ohne Vorwurf Ihre Bitte ausdrücken, steigen die Chancen, dass Ihr Gegenüber tut, was Sie sich wünschen.

Gehen wir noch einmal kurz zurück zu dem Rabattmarkensammeln am Arbeitsplatz, zu dem Beispiel von Karin und ihrer neuen Kollegin. Jede Rabattmarke, die Karin gesammelt hatte, wäre eigentlich ein Wunsch gewesen. Eine Bitte an ihre Kollegin. Dadurch hätte Karin gezeigt, was sie störte und was sie gern hätte. Und umgekehrt hätte auch die neue Kollegin sagen können, was sie störte und was sie sich wünschte. Über jede einzelne Störung hätten sich Absprachen oder Vereinbarungen treffen lassen. Aber das geht nur, wenn beide offen aussprechen, was sie sich wünschen. Miteinander reden statt Rabattmarken sammeln. Das ist das Rezept, um langfristig gut zusammenzuarbeiten oder auch zusammenzuleben.

Damit Sie schnell die richtigen Worte finden, gibt es auf Seite 22 eine Gesprächsstrategie, mit der Sie das Rabattmarkensammeln verhindern können.

Damit ist Ihr »Job« erledigt. Was Ihr Gesprächspartner jetzt damit macht, ist sein oder ihr Bier. Auf eine Bitte kann Ihr Gegenüber mit ja oder nein antworten, das gehört zu den grundlegenden Freiheiten eines jeden Menschen. Mit anderen Worten: Selbst wenn Sie es noch so gut machen, können Sie nicht hundertprozentig sicher sein, dass der andere auch das tut, worum Sie ihn bitten. Sie können Ihren Teil, das Aussprechen einer Bitte, so gut wie möglich erledigen. Damit erhöhen Sie die Chancen, dass der andere zu Ihrer Bitte ja sagt. Aber eine absolute Garantie gibt es nicht. Woran es liegen kann, dass Sie trotz erstklassiger Kommunikation keinen Erfolg haben, das möchte ich Ihnen am Ende dieses Kapitels zeigen.

WIE SIE UNANGENEHMES UND STÖRENDES DIREKT ANSPRECHEN KÖNNEN

- Wenn Sie etwas stört, machen Sie daraus einen Wunsch oder eine Bitte. Um was bitten Sie den anderen? Was wünschen Sie sich von Ihrem Gegenüber?
- Warten Sie mit dem Aussprechen nicht zu lange. Passen sie einen geeigneten Moment ab.
- Sprechen Sie höflich, freundlich und ohne zu jammern, ohne Vorwürfe oder Beschuldigungen.
- Sagen Sie direkt und klar, was Sie sich wünschen oder worum Sie bitten.
- Wenn Sie es für sinnvoll halten, erklären Sie Ihren Wunsch oder Ihre Bitte. Aber nur kurz.

Vorher ist es wichtig, dass wir uns mit der Kritik beschäftigen, die etwas schwerwiegender ist. Wenn es nicht mehr um kleine Störungen geht, sondern um richtige Fehler, reichen Bitten und Wünsche nicht mehr aus. Wir kommen nicht daran vorbei, ein ausführliches Kritikgespräch zu führen.

Wie Sie das Verletzungsrisiko mindern können

Gute Kritik zeigt uns einen neuen, besseren Weg auf. Sie trennt das Fehlerhafte von dem, was gut und ausbaufähig ist. Wirksame Kritik ist immer, wirklich immer mit einem absoluten Respekt für die Person verbunden. Eine solche Kritik ist wirksam, weil sie bereichert und den Empfänger der Kritik nicht herabsetzt. Um das zu erreichen, ist es wichtig, dass wir als Kritiker oder Kritikerin möglichst alles vermeiden, was ein Verletzungsrisiko für den anderen darstellt. Und das ist auch eine der häufigsten Fragen, die mir in meinen Seminaren gestellt wird: Wie kann ich jemanden kritisieren, ohne ihn zu verletzen?

Wenn etwas schief läuft, fangen viele Menschen an, sich zu ärgern. Wenn wir in einem ärgerlichen Zustand ein Kritikgespräch führen, sind wir meistens Lichtjahre davon entfernt, sachlich und wirksam zu kritisieren. Eine unwirksame Kritik entsteht sehr häufig durch heftige Gefühle. Und die bewirken, dass wir unserem Gegenüber Vorwürfe machen, ihn beschuldigen und anklagen, ihm oder ihr eine Standpauke halten. Das klingt in etwa so: »Du meine Güte! Wie kann man nur so nachlässig sein. Wo hatten Sie bloß Ihren Kopf, als Sie diesen Blödsinn verzapft haben. Jeder normale Mensch guckt doch vorher nach, ob das überhaupt die richtigen Unterlagen sind. Aber Sie hatten wohl Tomaten auf den Augen. Und nun sehen Sie sich mal an, was durch Ihre Schusseligkeit alles daneben gegangen ist. Ich an Ihrer Stelle würde vor Scham im Boden versinken.« Das ist keine wirksame Kritik, das ist ein Gefühlsausbruch.

Wenn wir in einem ärgerlichen Zustand ein Kritikgespräch führen, sind wir meistens Lichtjahre davon entfernt, sachlich und wirksam zu kritisieren.

Zwar müssen wir unsere Gefühle nicht verbergen, aber es ist notwendig, zwei Dinge zu unterscheiden: Das eine ist das Ausagieren von Gefühlen, der emotionale Ausbruch, und das andere ist ein wirksames Kritikgespräch. Wenn Ihnen der Kragen platzt oder Sie vor Wut schäumen, dann ist das *kein* wirksames Kritikgespräch. Es ist Dampfablassen. Davon wird sich Ihr Gegenüber angegriffen fühlen und das hat meistens zwei Folgen: Er oder sie macht innerlich dicht, lässt die Rollläden runter oder geht zum Gegenangriff über. Das sind die ersten Bausteine für einen handfesten Streit. Die ursprüngliche Sache, um die es ging, gerät dabei ins Hintertreffen.

Wenn Ihnen der Kragen platzt oder Sie vor Wut schäumen, ist das nichts anderes als Dampfablassen.

Ein wirksames Kritikgespräch setzt voraus, dass wir unsere Gefühle einigermaßen im Griff haben.

Wie Sie mit Ihrem Ärger fertig werden

Manche Menschen nutzen die Kraft, die aus dem Ärger kommt, um gleich ein Kritikgespräch zu führen. Nach dem Motto: Ich bin gerade so schön wütend, da kann ich die Sache auch gleich anpacken. Tatsächlich wird es dann meistens nicht Kritikgespräch genannt, sondern »dem anderen den Kopf waschen«, »die Meinung sagen« oder »ihn zusammenstauchen«. Hier besteht die Gefahr, dass die heftigen Gefühle ein wirkliches Gespräch unmöglich machen. Wie gesagt, es ist nicht falsch, dass Sie Ihrem Ärger oder Ihrer Enttäuschung freien Lauf lassen. Allerdings sind Sie dann *nicht* dabei, ein *wirksames* Kritikgespräch zu führen. Um wirksam zu sein, also um auf Ihren Gesprächspartner einzuwirken, brauchen Sie etwas Distanz zu Ihren Gefühlen. Nur wenn Sie nicht ganz und gar von Ihren Emotionen beherrscht werden, können Sie Ihrem Gegenüber auch zuhören, auf ihn oder sie eingehen. Deshalb ist es hilfreich, wenn Sie *vor* einem Gespräch zur Besinnung kommen und sich etwas beruhigen. Führen Sie ein Kritikgespräch erst dann, wenn Ihnen der Ärger nicht mehr aus dem Knopfloch springt.

Führen Sie ein Kritikgespräch erst dann, wenn Ihnen der Ärger nicht mehr aus dem Knopfloch springt.

Vielleicht wissen Sie schon, wie Sie mit Ihrem Ärger umgehen können. Aber falls Sie im Umgang mit aufgeregten Gefühlen noch ein paar Tipps gebrauchen können – hier sind sie:

- Gefühle fühlen. Lassen Sie die Emotionen durch Ihren Körper toben. Fühlen Sie, was es zu fühlen gibt. Aber achten Sie darauf, dass Sie sich durch Ihre Gedanken nicht weiter in den Ärger hineinsteigern.
- Den Ärger loslassen. Nehmen Sie ein paar tiefe Atemzüge. Ärger mobilisiert den Körper, also nutzen Sie die Power, die durch Ihre Adern tobt, und setzen Sie sie in Bewegung um. Alles, was Kraft kostet, ist jetzt richtig: Treppen steigen, tanzen, Gewicht heben, Rasen mähen, Schreibtisch umstellen etc.
- Ruhiges Nachdenken. Nehmen Sie sich fünf Minuten Zeit, um Ihre Vernunft wieder einzusetzen. Denken Sie über den Vorfall nach. Was ist wirklich passiert? Was möchten Sie ändern, verbessern? Wie können Sie das dem anderen am besten sagen?

Manchmal kann der Ärger so heftig sein, dass wir etwas länger brauchen, um einen kühlen Kopf zu bekommen. Wir müssen nicht unbedingt vollkommen ruhig und gelassen sein, um jemanden wirksam zu kritisieren. Es reicht, wenn wir aus der akuten, heißen Emotion herausgekommen sind.

Um festzustellen, ob Sie von Ihrem Ärger beherrscht werden, können Sie sich fragen: Kann ich dem anderen jetzt wirklich ruhig zuhören? Wenn Sie darauf ehrlich mit ›nein‹ antworten, brauchen Sie noch etwas Abkühlzeit. Aber warten Sie nicht zu lange, denn sonst laufen Sie Gefahr, aus der Sache eine Rabattmarke zu machen.

Die häufigsten Fehler beim Kritisieren

Oft sind unüberlegte Worte Schuld daran, dass unser Gesprächspartner unsere Rückmeldung nicht annehmen kann. Ich zeige Ihnen nun, wie Sie solche Fehler vermeiden können.

So nicht:
Viel zu viele Kritikpunkte werden als Redeschwall über den anderen ausgeschüttet.

Das klingt dann etwa so:

»So, jetzt möchte ich Ihnen mal grundsätzlich sagen, was mich an Ihrer Arbeitshaltung stört. Sie neigen dazu, meine Vorgaben einfach zu ignorieren. Sie halten die Zeitpläne, die wir gemeinsam verabredet haben, nur zur Hälfte ein und für alles, was Sie nicht schaffen, haben Sie nur Ausreden auf Lager. Außerdem lässt Ihre Pünktlichkeit zu wünschen übrig. Wenn die Besprechung auf neun Uhr angesetzt ist, erwarte ich, dass alle um neun Uhr auf ihren Stühlen sitzen. Sie kommen gern mal zehn oder fünfzehn Minuten später. Und dann könnten Sie sich bitte auch an die Regeln halten, die wir hier in der Firma für den Internetgebrauch aufgestellt haben. Privates Herumsurfen dulden wir hier nicht ...«

So geht's besser:
Kübelweise Kritik – das klingt doch sehr nach Rabattmarkensammeln. Wir vertragen *einen* Kritikpunkt zur Zeit. In seltenen Ausnahmen vielleicht auch zwei, aber bitte keine Generalabrechnung.

So nicht:
Die Kritik wird pauschal, verallgemeinernd und unpräzise ausgedrückt.

Dazu werden gerne die Worte »immer«, »nie«, »ständig«, »andauernd« benutzt.

»Sie sind nie pünktlich und haben immer eine Ausrede dafür.«

»Immer haust du ab, wenn ich mit dir reden will.«

»Ständig finde ich deine Bartstoppeln im Waschbecken, wenn ich morgens ins Bad komme.«

»Andauernd muss ich Ihre Kundengespräche annehmen, weil Sie nie an Ihrem Arbeitsplatz sind.«

So geht's besser:
Wir können eine Kritik eher akzeptieren, wenn sie präzise ist. Übertreibungen wirken immer wie ein Angriff. Bleiben Sie bei den Fakten. Wenn jemand im letzten Monat achtmal zu spät zur Arbeit kam, dann war es nicht *andauernd* oder *immer*, sondern eben achtmal. Sie brauchen nun deshalb keine Strichliste zu führen, um jeden Fehltritt mit Datum und Uhrzeit zu registrieren. Es reicht, wenn Sie konkrete und aktuelle Geschehnisse ansprechen und sich dabei an die Tatsachen halten.

So nicht:
Die eigenen Gefühle werden durch einen anklagenden Tonfall oder nur indirekt ausgedrückt.

Die Wortwahl und die Lautstärke zeigen den Ärger oder die Enttäuschung. Etwa so:

»Mein Gott, was hast du dir dabei nur gedacht! Wie kann man nur so unzuverlässig sein. Da bitte ich dich einmal pünktlich zu kommen und du lässt mich hängen.«

»Das ist ja so eine Schlamperei! Nein wirklich, wo haben Sie nur Ihren Kopf gehabt?«

»Prima! Du hast es mal wieder geschafft, dass ich mich so richtig mies fühle.«

So geht's besser:

Formulieren Sie Ich-Sätze. Drücken Sie Ihre Gefühle direkt aus. Sagen Sie Ihrem Gegenüber, wie es Ihnen geht. Beispielsweise so:

»Ich habe am Freitag über eine halbe Stunde auf dich gewartet. Ich war sehr enttäuscht, weil du nicht gekommen bist.«

»Als ich Ihre Arbeit sah, habe ich mich darüber geärgert.«

»Im Moment habe ich schlechte Laune.«

Eine gute Kritik ist ein kleines Kunstwerk

Ich spreche in meinen Seminaren gern von der Kunst der Kritik. Ich halte ein gelungenes Feedback für ein kleines Kunstwerk. Es ist so leicht, einfach loszupoltern und anschließend zu behaupten, »ich habe ihn kritisiert, aber das hat nichts genützt«. Es braucht sehr viel Disziplin und innere Klarheit, um ein konstruktives Kritikgespräch zu führen.

Vor allem, wenn Sie sich über jemanden sehr geärgert haben, kann es hilfreich sein, dass Sie sich vor dem Gespräch ein paar Gedanken machen. Setzen Sie sich hin und überlegen Sie, was Sie genau gestört hat. Was hat gefehlt, was war zu viel? Worüber waren Sie enttäuscht oder genervt? Versuchen Sie das in einfache, klare Worte zu bringen. Prüfen Sie, ob Ihre Worte wirklich sachlich sind oder ob Sie zu Übertreibungen und Feindseligkeit neigen.

Das sind nützliche Überlegungen, die Sie vor einem Kritikgespräch anstellen können. Aber am wichtigsten ist das Ziel des Gespräches. Machen Sie sich klar, was Sie mit Ihrem Feedback erreichen wollen. Wenn eine Kritik funktioniert, dann enthält sie auch Lösungen oder Verbesserungsvorschläge für die Zukunft. Das kann eine Vereinbarung oder eine neue Regelung sein. Eine Weiterbildung oder eine Nachhilfestunde. Je nachdem, was nötig ist, damit sich der Fehler nicht wiederholt.

Die Punkte, auf die es bei einem wirksamen Kritikgespräch ankommt, habe ich Ihnen noch einmal übersichtlich zusammengestellt.

WIE SIE ANDERE MENSCHEN KRITISIEREN KÖNNEN, OHNE SIE ZU VERLETZEN

- Sorgen Sie dafür, dass sich die Kritik nicht bei Ihnen aufstaut. Sprechen Sie das, was falsch gelaufen ist, bei nächster Gelegenheit an.
- Führen Sie das Gespräch unter vier Augen.
- Achten Sie darauf, dass Sie in einer gesammelten, klaren Verfassung sind und dass Ihr Gegenüber auch aufnahmefähig ist. Wenn Sie ärgerlich, geschockt oder in Eile sind, ist es schwer, sachlich und ruhig miteinander zu reden.
- Bleiben Sie bei den Tatsachen. Beschreiben Sie präzise, was Ihrer Meinung nach falsch gelaufen ist.
- Halten Sie keine langen Monologe, keine Grundsatzreden. Ein Gespräch ist keine Einbahnstraße. Lassen Sie Ihren Gesprächspartner schnell zu Wort kommen.
- Suchen Sie nach Lösungen für die Zukunft. Machen Sie konkrete Vorschläge und bitten Sie Ihren Gesprächspartner um Ideen. Ein wirksames Kritikgespräch ist nach vorn gerichtet. Es zielt auf Vereinbarungen und Verbesserungen ab.

Auch Loben will gelernt sein

Bisher ging es vor allem um das, was uns stört, um Fehler und Probleme. Damit aber ein Feedback wirklich ankommt, ist es wichtig, dass wir uns nicht nur auf das Negative konzentrieren. Unser Gegenüber bekommt den Eindruck, es mit einem Nörgler, einem ewigen Miesmacher zu tun zu haben. Und solche Leute kann man ja bekanntlich nie ganz zufrieden stellen. Also warum sich überhaupt noch Mühe geben?

Wenn wir nur Schwachstellen und Versäumnisse im Blick haben, werden wir mit der Zeit unglaubwürdig.

Zu einer ausgewogenen Kritik gehört auch die Anerkennung, das Lob. Hand aufs Herz – können Sie andere anerkennen? Können Sie das, was Ihnen gefällt, loben? Und tun Sie das auch? Zu selten? Mir ist aufgefallen, dass diejenigen, denen es schwer fällt, etwas Unangenehmes anzusprechen, auch Schwierigkeiten mit dem Loben haben. Wo es keine sachliche Kritik gibt, fehlt meistens auch die Anerkennung. Dafür gibt es verschiedene Gründe. Einige Menschen meinen, dass das Gute selbstverständlich ist und dass man darüber kein Wort verlieren muss. Andere konzentrieren sich so sehr auf die Mängel und Fehler, dass sie alles Positive glatt übersehen. Wer nur das Negative sieht, für den gibt es nichts Lobenswertes. Und so stehen die Fehler im Mittelpunkt der Gespräche. Und wenn der Satz fällt, »Haben Sie einen Moment Zeit? Ich möchte etwas mit Ihnen besprechen«, ist sofort klar, es geht

Zu einer ausgewogenen Kritik gehört auch die Anerkennung, das Lob.

um etwas Unangenehmes. Das sind Gespräche, die man lieber vermeidet.

Es geht nicht darum, bei jedem Feedback auch unbedingt etwas Lobendes zu sagen. Viel wichtiger ist, dass wir auf lange Sicht sowohl positive wie auch negative Dinge ansprechen. Mit Anerkennung und Wertschätzung können Sie viel dazu beitragen, dass das Positive sich ausweitet. Denn das, was Sie loben, wächst. Wenn Sie also möchten, dass etwas Nützliches, Schönes, Gutes öfter auftaucht, dann geizen Sie nicht mit Anerkennung. Ich mag den Satz: Ertappen Sie die Leute dabei, wenn sie etwas richtig machen. Und sprechen Sie laut aus, was Ihnen gefällt. Bei Kritik gilt, unter vier Augen besprechen, aber loben können Sie ruhig vor versammelter Mannschaft. Benutzen Sie bei Ihrer Würdigung keine hohl klingenden Phrasen, zeigen Sie echte Begeisterung. Lassen Sie Ihr Herz sprechen. Das geht leichter, wenn Sie dabei präzise sind und genau sagen, was Ihnen gefallen hat und warum Sie das mochten.

Menschen können Kritik leichter annehmen, wenn ihre guten Leistungen auch beachtet werden.

Bei Konflikten neigen wir dazu, den anderen nur noch als Problem zu sehen, als jemanden, der vor allem Fehler macht. Wir übersehen dabei seine positiven Eigenschaften und vergessen die Zeiten, in denen es zwischen uns gut lief. Die Beziehung rutscht ins Negative. Wenn es Ihnen gelingt, trotz aller Schwierigkeiten auch das Positive am anderen zu sehen, stellen Sie wenigstens für einen Moment eine ausgewogene Sicht her. Sagen Sie das Ihrem Gegenüber. Bringen Sie die Beziehung ins Gleichgewicht.

Kritik am Chef – so geht es leichter

Lassen Sie uns zu einem Thema kommen, das in meinen Seminaren häufig von den Teilnehmern angesprochen wird: Die Kritik am Vorgesetzten. Selbstverständlich gelten die Regeln für ein konstruktives Kritikgespräch auch für den Umgang mit Vorgesetzten. Ein gutes Feedback ist sachlich, präzise, respektvoll. Was aber macht es so schwierig, den Chef zu kritisieren? Von meinen Seminarteilnehmern höre ich meistens:

»Ich würde meiner Filialleiterin gern sagen, dass mir das Meeting am Morgen immer viel zu lange dauert. Wenn sie die Besprechung etwas mehr straffen würde, könnten wir in einer halben Stunde damit fertig sein. Aber ich hab mich nie getraut, das anzusprechen. Ich will sie nicht verärgern, denn dadurch hätte ich nur Nachteile.«

»Mein Chef geht völlig in seinem Job auf. Der wäre tief getroffen, wenn ich ihm sagen würde, dass mich seine hektische Art manchmal sehr nervt.«

»Mir fehlen oft Informationen. Mein Chef vergisst einfach, bestimmte Dinge an mich weiterzuleiten. Ich traute mich bisher nicht, ihn deswegen zu kritisieren. Schließlich ist er der Boss. Ich bin nur ein kleiner Angestellter, den man auch leicht ersetzen kann.«

Ich kann aus der Ferne nicht genau einschätzen, ob der jeweilige Vorgesetzte wirklich mit Kritik nicht umgehen kann oder ob hier ein Teilnehmer vor mir sitzt, der zu viel Angst vor Autoritäten hat. Aber für beide Fälle – den schwierigen Chef und die Angst vor Autoritäten – gibt es eine Lösung. Das ist ein etwas abgewandeltes Kritikgespräch. In die Rückmeldung wird besonders viel Schonung und Milde eingearbeitet. Die Kritik kommt auf Samtpfoten daher. Damit lassen sich nicht nur schwierige Vorgesetzte leichter kritisieren. Diese Strategie können Sie auch verwenden, wenn Ihr Gegenüber sehr empfindlich auf Kritik reagiert. Bei diesem rücksichtsvollen Feedback wird eine harte Konfrontation vermieden. Das geht am leichtesten, wenn Sie zunächst auf Ihre Wortwahl achten. Schädlich sind Sätze wie diese: »Sie leiten die Sitzung viel zu kraftlos.« Oder: »Mit Ihrer Hektik machen Sie mich ganz verrückt.« Es gibt Chefs und andere Menschen, die darauf nicht beleidigt reagieren, sondern zuhören und nachfragen. Aber es gibt auch leicht verletzbare Dünnhäuter, die sich getroffen fühlen. Wenn Ihr Chef so eine dünne Haut hat, kann es gut sein, dass er oder sie in eine Abwehrhaltung geht. Und wer eine Machtposition hat, nutzt die auch gern aus. Da wird dann kurz klargestellt, »wer hier das Sagen hat«. Vielleicht bekommen Sie eine Gegenreaktion mit eingebauter Drohung als Antwort: »Wollen Sie mir vorschreiben, wie ich meinen Job zu machen habe?«

Wenn Sie Ihre Kritik etwas vorsichtiger vortragen, können Sie diese Abwehrreaktionen meistens vermeiden. Die Betonung liegt auf meistens. Denn auch wenn Sie Ihre Kritik im Schonwaschgang anbringen, Ihr Gesprächspartner wird merken, dass Ihnen etwas nicht gefällt und dass Sie eine Veränderung wollen. Wenn Sie Ihr Feedback respektvoll und vorsichtig ausgedrückt haben, ist Ihr Beitrag erledigt. Wie Ihr Gegenüber jetzt damit umgeht, ist seine oder ihre Sache.

Hier sind die wichtigsten Punkte dieser Gesprächsstrategie.

DAS VORSICHTIGE, SCHONENDE FEEDBACK

- Bitten Sie Ihr Gegenüber um ein kurzes Gespräch unter vier Augen. Achten Sie darauf, dass Ihr Gesprächspartner wirklich aufnahmefähig ist und nicht durch Telefon oder andere Störungen zu sehr abgelenkt wird.
- Beschreiben Sie sehr präzise den Kritikpunkt, aber ohne dabei die Worte *Problem* oder *Kritik* zu benutzen. Sagen Sie einfach, was Ihnen aufgefallen ist. Etwa so: »Ich habe gemerkt, dass die Sitzung am Morgen zu lange dauert.« Oder: »Mir ist aufgefallen, dass ich einige Informationen viel zu spät erhalte.«
- Vermeiden Sie jede Schuldzuschreibung. Keine Sätze, die anklagend wirken, wie beispielsweise diese: »Ihre Sitzungsleitung ist viel zu lasch.« Oder: »Sie vergessen, mich zu informieren.«
- Falls Sie das fehlerhafte Verhalten Ihres Gesprächspartners direkt ansprechen wollen, bauen Sie gleich eine Entschuldigung für das Verhalten mit ein. Zum Beispiel so: »Ich habe gemerkt, dass Sie nicht in die Diskussion eingreifen. Wahrscheinlich wollen Sie, dass jeder auch zu Wort kommt und sich aussprechen kann.« Oder: »Sie sind im Moment sehr beschäftigt und müssen

sich um zu viele Dinge gleichzeitig kümmern. Deswegen vergessen Sie hin und wieder, mich zu informieren.«

- Falls Ihr Gegenüber an irgendeiner Stelle des Gespräches ärgerlich wird oder gekränkt reagiert, bauen Sie sofort einen Beziehungsschutz ein. Sagen Sie deutlich, dass Sie sich keinesfalls in die Befugnisse des anderen einmischen wollten. »Ich weiß, das ist allein Ihre Sache. Ich wollte Sie nicht verärgern.« Oder: »Natürlich will ich Ihnen keine Vorschriften machen. Sie entscheiden darüber.«

- Stellen Sie am Schluss eine Frage, die den anderen dazu bringt, eine Lösung zu finden. Benutzen Sie dabei das Wort *wir*. Etwa so: »Wie könnten *wir* die Sitzung so straffen, dass alle schnell wieder an ihren Schreibtisch kommen?« Oder: »Gibt es eine Möglichkeit, wie *wir* beide dafür sorgen könnten, dass ich die Informationen rechtzeitig bekomme?«

Der Wink mit dem Zaunpfahl wird nicht verstanden

Achten Sie darauf, dass Sie trotz aller Samtpfoten klar und deutlich bleiben. Wenn Sie nur verschwommene Andeutungen machen, riskieren Sie, dass Ihr Gegenüber Sie nicht versteht. Ich denke da an eine Seminarteilnehmerin, die versucht hatte, ihren Chef zu kritisieren, aber damit überhaupt nichts erreichte: Seit Wochen kam ihr Chef immer kurz vor Feierabend in ihr Büro und legte ihr einen Berg Arbeit auf den Schreibtisch. Einige Sachen wollte er bis zum nächsten Morgen erledigt haben. Die Frau machte Überstunden und das oft jeden Tag. Sie wollte, dass der Chef ihr diese Arbeiten so früh wie möglich gab, damit sie sich ihren Arbeitstag besser einteilen konnte. »Und wie haben Sie Ihm das gesagt?«, fragte ich sie. »Oh, wenn er mir die Sachen auf den Schreibtisch legte, habe ich zu ihm gesagt: ›Da sitz ich hier ja noch bis in die Nacht.‹ Und er hat gesagt: ›Nein, wenn Sie sich beeilen, sind Sie in zwei Stunden damit fertig.‹ Er hat meine Kritik einfach nicht angenommen.« An dem Beispiel fällt sofort auf, dass die Frau keine wirkliche Kritik geäußert hat. Es war nur ein kurzer Kommentar, ein Wink mit dem Zaunpfahl. Natürlich hoffte sie, dass er die Andeutung ›Da sitz ich hier noch bis in die Nacht‹ richtig versteht. Aber wie so oft werden Andeutungen nicht verstanden. Mein Tipp lautete: Nicht erst warten, bis der Chef wieder mit einem Arm voll Arbeit vor dem Schreibtisch steht. Bei nächster Gelegenheit um ein kurzes Gespräch bitten und dann klar sagen, was stört, und darüber reden, wie das Problem gelöst werden könnte.

Bitte spucken Sie nicht auf den Chef

In einem Seminar haben wir natürlich den großen Vorteil, dieses Kritikgespräch auch praktisch durchspielen zu können. Es ist zwar nur ein Rollenspiel, aber dennoch ist es eine sehr wirksame Übung, um ohne Risiko etwas Neues auszuprobieren. Dabei kann niemand versagen oder sich blamieren. Alle Teilnehmer, auch diejenigen, die zugucken, lernen ungeheuer viel. In diesem Fall übernahm ein Teilnehmer die Chefrolle und er machte seine Sache sehr gut. Er war sogar um einiges härter als der reale Chef. Die Frau nahm sich meinen Tipp zu Herzen und wollte ihrem Chef nun in dem Rollenspiel ein klares Feedback geben. Sie brauchte mehrere Anläufe, um für diese Rückmeldung die richtigen Worte zu finden. Der erste Anlauf sah so aus:

Der (gespielte) Chef sitzt an seinem Schreibtisch, seine Mitarbeiterin (die Frau, die das Kritikgespräch üben will) kommt rein und sie fragt: »Haben Sie einen Moment Zeit? Ich würde gern etwas mit Ihnen besprechen.«

Der Chef antwortet, ohne von seinen Unterlagen hochzusehen: »Ja, aber machen Sie es kurz.« Die Mitarbeiterin: »Ich bin seit Wochen nur noch selten pünktlich zu Hause gewesen, weil Sie immer in letzter Minute mit einem Haufen Arbeit kamen. Und vieles davon sollte bis zum nächsten Morgen erledigt werden. Sie haben nie gefragt, ob ich das auch schaffe oder ob ich abends vielleicht noch etwas vorhabe. Nein, Sie haben mir Sachen auf den Schreibtisch geknallt und sind dann verschwunden.«

Der Chef schaut sie an und sagt in einem leicht ärgerlichen Tonfall: »Glauben Sie etwa, ich mache das aus Spaß? Ich weiß nicht, ob Ihnen klar ist, dass diese Firma im Moment einiges an neuen Aufträgen zu bewältigen hat und darüber können wir uns alle freuen. Vielleicht wissen Sie, dass es der Branche insgesamt nicht sehr gut geht. Und nun kommen Sie und beschweren sich darüber, dass Sie viel Arbeit haben. Denken Sie, ich sitze hier und drehe Däumchen? Ein wenig Flexibilität kann ich ja wohl von meinen Leuten erwarten.«

Meine Seminarteilnehmerin war sichtlich eingeschüchtert und wusste nicht, was sie darauf antworten sollte. Ich unterbrach das Rollenspiel und fragte den (gespielten) Chef, was er für einen Eindruck von seiner Mitarbeiterin hatte. Was er sagte, war höchst interessant. Er fühlte sich von ihr, wie er es ausdrückte, »leicht angespuckt«. Sie sei vorwurfsvoll gewesen, hätte einen Redeschwall auf ihn herabprasseln lassen und er wusste eigentlich überhaupt nicht, was sie wollte. »Ich musste sie einfach ablehnen. Mit diesen Vorwürfen konnte ich nichts anfangen.«

Wir spielten die Szene noch einmal durch, ohne die vorwurfsvolle Haltung. Es begann wie beim letzten Mal. Sie bat ihren Chef um ein kurzes Gespräch und sagte dann: »Ich komme zu Ihnen, weil ich völlig mit Arbeit überlastet bin. Seit Wochen muss ich Überstunden machen und ich kann einfach nicht mehr. Ich brauche auch Freizeit, um mich zu erholen. Wenn das so weitergeht, werde ich noch irgendwann krank.«

Auch auf diese Rede reagierte der Chef ablehnend. Ich fragte ihn nach seinen Gründen und er sagte: »Sie wirkte wie ein leidendes Hühnchen. Wenig selbstsicher. Als Chef hatte ich den Eindruck, hier steht eine schwache Mitarbeiterin vor mir. Sie ist nicht belastbar.

Außerdem drohte sie mir mit Krankheit. Als Chef lasse ich mich nicht erpressen.«

Obwohl diese Frau in der Vergangenheit mit der Mehrarbeit durchaus fertig wurde, erweckte sie jetzt den Eindruck, als sei sie schwach und überfordert. Damit setzte sie sich selbst herab. Sie stellte ihr Licht weit unter den Scheffel.

Im ersten Rollenspiel ging die Frau in eine vorwurfsvolle Haltung, im zweiten Versuch schlug sie einen jammernden Tonfall an. Beides verhinderte, dass sie mit ihrem Anliegen vom Chef richtig verstanden wurde.

Wir haben noch einmal überlegt, was sie in dem Gespräch erreichen will. Es störte sie am meisten, dass sie kurz vor Feierabend von umfangreichen Arbeiten überrumpelt wurde. Das wollte sie gern abschaffen. Sie wollte früher wissen, was noch zu tun ist, um sich die Zeit besser einzuteilen. Ich gab ihr den Tipp, sich im Gespräch auf dieses Ziel zu konzentrieren. Im dritten Rollenspiel war sie überzeugender.

Wieder bat sie ihren Chef um ein kurzes Gespräch und sagte dann: »Ich möchte mit Ihnen über meine Überstunden reden. Mir ist aufgefallen, dass wir seit drei Wochen mehr zu tun haben. Oft kommen Sie kurz vor Feierabend noch mit einen Stapel Arbeit, die noch erledigt werden soll. Ich überlege, ob sich daran etwas ändern lässt. Vielleicht gibt es eine Möglichkeit, dass ich nicht jeden Tag Überstunden machen muss.«

Der Chef: »Das ist nun mal die Arbeit, die ansteht. Was wollen Sie daran ändern?«

Die Frau: »Mir würde es schon helfen, wenn ich einfach früher wüsste, was noch zu erledigen wäre. Dann könnte ich mir die Arbeit besser einteilen.«

Der Chef: »Ich muss anfallende Aufträge natürlich erst sichten und dann verteilen. Das dauert seine Zeit.«

Die Frau: »Ja, ich verstehe. Sehen Sie da irgendeine Lösung?«

Der Chef überlegte und schwieg. Dann sagte er: »Ich kann Ihnen nichts versprechen. Aber vielleicht können Sie nach Ihrer Mittagspause bei mir vorbeischauen. Könnte sein, dass Sie sich dann bereits Ihre Arbeiten abholen können. Aber wie gesagt: Ich kann Ihnen nichts versprechen.«

Die Frau: »Ja, in Ordnung. Das wäre eine Erleichterung. Danke.«

Das Gespräch lief besser und auch der Chef war zufrieden: »Dieses Mal wirkte meine Mitarbeiterin souverän, aber ohne mich an die Wand zu drücken. Ich habe verstanden, was sie wollte, und konnte mich darauf einlassen.«

Vielleicht war das letzte Rollenspiel keine perfekte Lösung mit einem Happy-End, das alle glücklich macht. Aber es war realistisch. Oft lassen sich zuerst nur vorläufige Lösungen finden und manchmal sind mehrere Gespräche notwendig, um gute Ergebnisse zu erzielen. Am Ball bleiben, beharrlich verhandeln, sich nicht gleich wegschicken lassen, das gehört zur Profiausstattung, vor allem in der Wirtschaft.

Mein Tipp: Bereiten Sie sich auf das Kritikgespräch mit dem Chef vor. Machen Sie sich klar, was Sie wirklich wollen oder was Sie nicht mehr wollen. Überlegen Sie sich konkrete Lösungsvorschläge und fragen Sie Ihren Chef nach seinen Ideen. Wenn Sie eine größere Veränderung anstreben, stellen Sie sich innerlich auf mehrere Gespräche ein. Seien Sie bereit, beharrlich zu verhandeln.

Bereiten Sie sich auf das Kritikgespräch mit dem Chef vor.

Warum Kritik wirkungslos verpuffen kann

Selbst wenn Sie alles richtig gemacht haben, kann es vorkommen, dass Ihre Kritik, Ihre Bitten und Wünsche nichts bewirken. Was tun, wenn Ihr Gesprächspartner sein Verhalten nicht ändert?

Hier stehen wir vor den Grenzen der Kritik. Und es gibt zwei Grenzen. Die erste ist der fehlende gute Wille beim anderen. Die zweite Grenze ist das Wesen, die Persönlichkeit Ihres Gegenübers.

Fangen wir mit der ersten Grenze an. Damit ein Gespräch etwas bewirkt, ist es wichtig, dass bei Ihrem Gegenüber ein Minimum an gutem Willen vorhanden ist. Mit gutem Willen meine ich die Bereitschaft, miteinander auszukommen. Die Bereitschaft, eine Vereinbarung zu treffen oder ein Abkommen auszuhandeln. Wenn dieser gute Wille nicht vorhanden ist, findet noch nicht einmal Zuhören statt. Ebenso kein Verstehen und schon gar nicht die Erfüllung einer Bitte. Um es klar zu sagen: Wenn Ihr Gegenüber nicht will, sind Sie machtlos. Es gibt keine noch so raffinierte Kommunikationstechnik, die *gegen* den Willen eines anderen Menschen ankommt. Um einen Menschen zu zwingen, damit er das tut, was Sie wollen, gibt es nur sehr wenige Methoden. Und soweit ich weiß, sind alle diese Methoden gesetzlich nicht erlaubt. Selbst wenn Sie jemanden mit einer Pistole bedrohen, ist das noch keine Garantie dafür, dass dieser Mensch Ihnen gehorcht.

Keine noch so raffinierte Kommunikationstechnik kommt gegen den Willen eines anderen Menschen an.

In der Geschichte der Menschheit gibt es zahllose Beispiele dafür, dass Menschen selbst unter Waffengewalt bei ihrem Willen geblieben sind.

Jede Art von Kommunikation braucht von allen Beteiligten ein Minimum an Verständigungsbereitschaft. Wenn Sie feststellen, dass Ihr Gegenüber diesen guten Willen nicht mitbringt, dann empfehle ich Ihnen ein letztes Gespräch. Ein Gespräch, in dem Sie genau *das* offen ansprechen. Einigen Sie sich mit Ihrem unwilligen Gegenüber in diesem einen Punkt. Stellen Sie gemeinsam fest, dass nichts mehr geht. Dass Sie beide keine Basis für eine Verständigung finden. Damit beenden Sie alle Versuche, den anderen über ein Gespräch zu beeinflussen.

Kommunikation braucht von allen Beteiligten ein Minimum an Verständigungsbereitschaft.

Anschließend können Sie überlegen, ob es für Sie noch andere Mittel gibt, die jenseits des Redens liegen. Können Sie juristische Schritte unternehmen? Wollen Sie sich trennen oder sich versetzen lassen? Gehen Sie auf eine politische Ebene oder wollen Sie das Ganze einfach ignorieren? Was Sie davon anwenden, hängt von Ihren Zielen ab und davon, welchen Aufwand Sie betreiben wollen.

Eine weitere Grenze der Kritik ist die Veränderbarkeit eines Menschen. Vielleicht *kann* Ihr Gesprächspartner sein Verhalten nicht ändern, weil Sie etwas verlangen, was seinem Wesen widerspricht. Wie beispielsweise bei einem sehr kontaktfreudigen Elternpaar. Beide übten viel Kritik an ihrem Kind. Sie konnten sich nicht damit abfinden, dass ihr einziger Sohn ein scheuer und zurückgezogener Mensch war. Immer wieder kritisierten sie ihn, weil er nur in seinem Zimmer saß,

Bücher las, am Computer arbeitete, aber nie etwas mit Freunden unternahm. Sie wünschten sich von ihm, dass er geselliger wäre, mehr aus dem Haus ginge oder wenigstens einem Sportverein beiträte. Die ganze Kritik an ihrem Sohn beruhte auf der Idee, mit ein wenig gutem Willen könnte er so kontaktfreudig werden wie sie. Aber schon als kleines Kind widersetzte er sich allen Umerziehungsversuchen. Seine Eltern luden die Nachbarskinder ein und die spielten begeistert im Garten, während ihr Sohn allein in der Ecke saß und etwas bastelte. Nützen hier noch bessere, wirksamere Kritikgespräche etwas? Nein. Hier geht es darum, die Persönlichkeit eines Menschen, seine Art zu sein, wirklich zu akzeptieren. Mit Kritik können wir bestenfalls einzelne Verhaltensweisen verändern, aber nicht jemanden grundsätzlich umkrempeln.

Mit Kritik können wir bestenfalls einzelne Verhaltensweisen verändern, aber nicht jemanden grundsätzlich umkrempeln.

Auch am Arbeitsplatz ist es wichtig, die Persönlichkeit eines Menschen zu erkennen und zu respektieren. Dabei denke ich an einen Mann, der in seiner Firma sehr häufig kritisiert wurde. Das Ganze fing mit seiner Beförderung an. Vorher arbeitete er als Techniker und nun war er der Leiter der technischen Abteilung geworden. Sein Problem war, dass er als Vorgesetzter seinen Job nicht besonders gut machte. Der Umgang mit den Mitarbeitern fiel ihm schwer, ebenso wie das Reden mit der Geschäftsleitung und anderen Abteilungsleitern. Er erklärte mir das so: »Ich bin ein guter Techniker. Wenn es ums Konstruieren und Reparieren geht, bin ich in meinem Element. Dieses ganze Gerede, das Verhandeln, Moderieren und Präsentieren, das ist alles nicht mein Ding.« Tatsächlich hatten seine guten Leistungen als Techniker ihm die Beförderung eingebracht. Aber jetzt als Abteilungsleiter ging es um Mitarbeitermotivation, Beurteilungsgespräche und Planungskonferenzen. Für ihn war das alles nebulös und wenig handfest. Mit seiner Technikermentalität kam er jetzt nicht mehr weiter und das merkten seine Mitarbeiter und auch seine Vorgesetzten.

Ich hätte diesem Mann sicherlich in vielen Seminaren erfolgreiche Führungstechniken vermitteln können. Aber wäre er damit genauso in seinem Element gewesen wie beim Reparieren? Und ist es überhaupt sinnvoll, jemanden von dem wegzubringen, was er gut kann und hin zu etwas, was ihm nicht liegt, womit er sich nur schwer anfreunden kann? Nein. Das Ganze ist so, als wollten wir einem Hamster unbedingt das Fliegen beibringen.

Erwarten Sie nicht von einem Hamster, dass er herumfliegt.

Wenn Sie jemanden immer wieder erfolglos kritisieren, dann überprüfen Sie, ob sich Ihr Gegenüber wirklich verändern kann. Vielleicht erwarten Sie von einem Hamster, dass er herumfliegt. Möglicherweise kann sich Ihr Gegenüber anstrengen und sich für Sie verbiegen, so wie ein Hamster auch winzige Hüpfer zustande bringt. Aber letztlich ist das so, als würde man mit viel Kraftaufwand gegen den Strom schwimmen. Hier brauchen wir nicht noch mehr Kritik, sondern eine Portion Weisheit. Lassen wir andere Menschen einfach anders sein. Und sorgen wir dafür, dass die Leute mit ihren Fähigkeiten und Vorlieben an den richtigen (Arbeits-) Platz kommen.

Selbstkritik und was sie bewirkt

Wir kritisieren nicht nur unsere Mitmenschen, sondern auch uns selbst. Und was wir an uns selbst nicht leiden können, das können wir meistens auch bei anderen nicht akzeptieren. Wer beispielsweise auf fettarme, gesunde Ernährung achtet, möglichst wenig Süßigkeiten isst und auf Junk-Food verzichtet, neigt oft dazu, die Schweinshaxen- und Sahnetortenesser zu verurteilen. Wenn nicht laut mit Worten, so doch leise in Gedanken. Wir alle haben die Neigung, unsere inneren Richtlinien und Verbote auch anderen aufs Auge drücken zu wollen. Und diejenigen, die innerlich sehr hart mit sich sind, sind auch oft sehr streng mit ihren Mitmenschen. Nach dem Motto: Was ich mir selbst nicht erlaube, sollst du auch nicht tun. In uns gibt es eine Instanz, die darüber wacht, dass wir unsere eigenen Maßstäbe und Richtlinien einhalten. Diese Instanz wird der innere Kritiker genannt. Wenn Sie möchten, können Sie diesen Teil der Seele auch Kritikerin nennen. Der Name ist nicht so wichtig, viel wichtiger ist, dass Sie verstehen, *wie* dieser Kritiker in

Wir neigen gerne dazu, unsere inneren Richtlinien und Verbote auch anderen aufs Auge drücken zu wollen.

Der innere Kritiker wacht darüber, dass wir unsere eigenen Maßstäbe und Richtlinien einhalten.

Ihnen arbeitet. Im Grunde sind es einfach selbstkritische Gedanken, die Ihnen durch den Kopf gehen und an die Sie glauben. Gedanken, mit denen Sie sich selbst verurteilen oder beschimpfen. Zum Beispiel diese:

»Mein Gott, wie sehe ich denn aus. Ich muss dringend ein paar Kilo abnehmen.«

»Diese Haare! Ich hasse meine Haare.«

»O nein, das ist kaputt gegangen! Was bin ich nur für ein Idiot.«

»Ich bin viel zu unsicher. Bei dem Bewerbungsgespräch fall ich bestimmt durch.«

»Was hab ich schon in meinem Leben geleistet? Nichts, worauf ich wirklich stolz sein könnte.«

Wenn Sie das glauben, was Ihnen da durch den Kopf geht, dann haben Sie sich mit Ihrem inneren Kritiker verbunden. Und der liebt es, uns unsere Fehler, Versäumnisse und Schwächen unter die Nase zu reiben und dabei auch gern zu übertreiben. Er kann aus einer Mücke einen Elefanten machen, aus einer kleinen Panne eine riesige Blamage. Und der innere Kritiker vergleicht uns auch gern mit anderen und lässt uns dabei schlechter abschneiden. Wenn wir unsere herabsetzenden Gedanken für wahr halten, verändert sich unsere Stimmung. Wir fühlen uns niedergeschlagen, unzufrieden oder ängstlich.

Halten wir unsere herabsetzenden Gedanken für wahr, verändert sich unsere Stimmung.

Bei manchen Leuten ist der innere Kritiker so stark, dass er einen enormen Selbsthass erzeugen kann. Aber auch wenn er schwächer ist, kann er uns sehr verunsichern. Stellen Sie sich vor, Sie sind frisch verliebt und kurz vor Ihrem ersten Rendezvous. Aber Ihr innerer Kritiker schwatzt die ganze Zeit davon, dass Ihre Frisur nicht sitzt, Ihre Nase zu groß ist und dass Sie für Beziehungen eigentlich nicht geeignet sind. Können Sie bei solchen Gedanken noch strahlend auf Ihren Liebling zugehen? Hätten Sie nicht viel eher das Gefühl, Sie müssten sich einen Sack über den Kopf ziehen und sich zu Hause verkriechen? Der innere Kritiker sabotiert unsere Selbstsicherheit. Menschen, die sehr häufig an sich zweifeln oder mit Minderwertigkeitsgefühlen kämpfen, leiden unter einem großen inneren Kritiker. Deshalb ist auch die Auseinandersetzung mit diesem Teil unserer Seele ein wichtiger Bestandteil meiner Selbstbehauptungsseminare.

Der innere Kritiker sabotiert unsere Selbstsicherheit.

Wenn Sie das Thema innerer Kritiker und Selbstbehauptung interessiert, empfehle ich Ihnen mein Buch *Die etwas gelassenere Art, sich durchzusetzen*. Hier erfahren Sie mehr darüber, wie Sie selbstsicher auftreten und reden können und wie Sie Ihren inneren Kritiker in den Griff bekommen.

Die hohen Ansprüche des inneren Kritikers

Es ist wichtig, den kritischen Teil unserer Seele zu erkennen und zu verstehen. Der innere Kritiker besteht aus Gedanken, die uns von Zeit zu Zeit durch den Kopf gehen. Gedanken, mit denen wir uns selbst beurteilen und zwar meistens negativ. Dabei ist der innere Kritiker kein böser Teil der Seele. Er meint es im Grunde gut mit uns. Er ist die Stimme der Anpassung. Schon ganz kleine Kinder merken, dass sie ohne den Schutz und die Fürsorge der Eltern nicht überleben können. Sie lernen sich anzupassen. Zuerst an die Familie, in die sie hineingeboren wurden, später an die Regeln im Kindergarten und in der Schule. Um dort nicht anzuecken, war es wichtig zu lernen, was man durfte und wofür man ausgeschimpft wurde. Unser innerer Kritiker entstand durch die Kritik, mit der wir aufgewachsen sind. Durch ihn lernten wir, uns innerlich zu kritisieren, durch die Kritik von außen. Durch Sätze wie diese:

»Was bist du nur für ein Dreckspatz! Wasch dir die Hände vor dem Essen.«

»Sag mal, sitzt du auf deinen Ohren? Wie oft hab ich dir schon gesagt, dass man nicht in der Nase bohren darf.«

»Schrei hier nicht so laut. Was sollen die Leute von uns denken.«

»Du kannst dir das nicht einfach nehmen. Du musst erst fragen, ob du das haben darfst.«

»Wie siehst du nur wieder aus! So geh ich nicht mit dir aus dem Haus. Da muss ich mich ja für dich schämen.«

Irgendwann mussten uns Mama und Papa das nicht mehr sagen. Wir haben diese Kritik im Laufe der Zeit verinnerlicht. Wir konnten uns das selbst sagen. Damit hatten wir unseren eigenen inneren Kritiker. Sein Ziel war, von Anfang an dafür zu sorgen, dass wir von anderen Menschen akzeptiert werden und dass wir in unserer Welt zurechtkommen. Dafür braucht er Normen, Maßstäbe und Richtlinien, nach denen er uns kritisieren kann. Die allerersten Regeln erlernten wir in unserem Elternhaus. Aber jetzt, wo wir groß sind und auf eigenen Füßen stehen, wird die Sache etwas komplizierter. Jetzt brauchen wir die »Erwachsenenregeln«. Und davon gibt es mehr als genug. Überall werden wir zugeschüttet mit Karrieregesetzen, Ernährungsleitlinien, dem Zehn-Punkte-Programm für einen gesunden Körper, In-und-Out-Listen, Lifestyle und Modetrends. Ein gefundenes Fressen für unseren inneren Kritiker.

Dieser Teil unserer Seele kann wirklich jede Norm, an die wir glauben, dazu benutzen, um uns zu kritisieren. Dabei kann der Kritiker eine sehr hohe Messlatte an uns anlegen. Reicht es, seine Arbeit einfach nur gut zu machen? Nein, für viele innere Kritiker ist das zu wenig. Sich fortbilden, die Karriereleiter hinaufsteigen, eine Leitungsposition bekommen, das ist das Mindeste. Aber die Kritikerforderungen gehen oft noch viel weiter. Parallel dazu sollte ein vernünftiges Fitnessprogramm stattfinden, typgerechte Kleidung getragen werden, und natürlich dürfen Familie und Freunde nicht zu kurz kommen. Um den Stress auszugleichen, muss auch noch regelmäßig entspannt oder meditiert werden. Und wenn Sie das alles geschafft haben, kann es gut sein, dass Ihr innerer

Kritiker Sie trotzdem kritisiert, weil Sie immer noch nicht den Keller aufgeräumt haben.

Wenn Sie sich nicht so sehr für das berufliche Weiterkommen interessieren, sondern mehr für Haus und Garten, Partnerschaft und Kinder, ist das für den Kritiker auch kein Problem. Solange Sie glauben, Sie *sollten* etwas tun und sich dabei nach bestimmten Normen richten, solange hat Ihr Kritiker genügend Treibstoff, um Sie zu kritisieren: Sie sollten eine liebevolle, geduldige, konsequente, humorvolle Mutter sein (oder ein Vater). Ihr Garten müsste – zu jeder Jahreszeit – ein kleines Paradies sein, und das Haus sollte nicht nur sauber, sondern auch nett dekoriert sein. Sie sollten abwechslungsreich, raffiniert und außerdem gesund kochen. Selbstverständlich sollten Sie die Beziehungen zu Ihren Verwandten, Freunden und Nachbarn pflegen. Und sich selbst nicht vernachlässigen, Sport treiben, Bücher lesen, kulturelle Veranstaltungen besuchen. Wenn Sie das nicht alles schaffen, wer macht Ihnen dann ein schlechtes Gewissen? Das schafft nur das Geplapper Ihres inneren Kritikers. Er findet immer eine Unzulänglichkeit oder Schwäche, und die reibt er Ihnen unter die Nase. Sein Kommentar klingt so oder ähnlich: »Andere Leute schaffen das doch auch. Ich bin einfach nicht diszipliniert genug. Ich müsste mich mehr zusammenreißen.« Der innere Kritiker ist nie ganz zufrieden mit uns. Bestenfalls ist er eine Weile still. Am leichtesten bekommen wir ihn in den Griff, wenn wir seine Kommentare bewusst registrieren.

Damit Sie Ihren inneren Kritiker besser durchschauen können, habe ich eine Tätigkeitsbeschreibung für Sie zusammengestellt.

DER INNERE KRITIKER ...

... ist ein Teil unserer Seele, der uns beurteilt, tadelt und beschämt

... kontrolliert den Eindruck, den wir auf andere machen

... richtet sich dabei nach erlernten Normen, Werten und Regeln

... denkt sich Katastrophen aus, falls wir gegen die Normen und Regeln verstoßen sollten

... vergleicht uns mit anderen und lässt uns dabei schlechter abschneiden

... reibt uns Fehler, Misserfolge und Peinlichkeiten unter die Nase

... entwertet unsere Erfolge und die Komplimente von anderen

... macht uns ein schlechtes Gewissen, falls wir zu eigensinnig werden

... kritisiert uns nach dem Motto: Besser ich sage dir, was an dir falsch ist, bevor es die anderen entdecken

... kann uns mit seinen heftigen Attacken in Verzweiflung und Depression treiben

... sabotiert unser Selbstwertgefühl.

Es ist wichtig, sich klar zu machen, dass der innere Kritiker nur aus Gedanken besteht. Aber wenn wir diese selbstkritischen Gedanken einfach glauben, sie für bare Münze nehmen, dann haben sie die Macht, uns zu demütigen und unser Selbstwertgefühl zu untergraben. Wir können diese selbstkritischen Gedanken nicht entfernen, ausrotten oder vernichten. Aber glücklicherweise zwingt uns nichts und niemand, dem zu *glauben*, was uns durch den Kopf geht. Genau darin besteht auch der Ausweg. Wir können uns von den Kommentaren des inneren Kritikers lösen, indem wir sie nicht mehr akzeptieren. So wie wir auch nicht mehr an den Weihnachtsmann oder Osterhasen glauben. Am Schluss dieses Kapitels finden Sie konkrete Tipps, wie Sie Ihren inneren Kritiker bändigen können.

Glücklicherweise zwingt uns nichts und niemand, dem zu glauben, was uns durch den Kopf geht.

Wie viel Selbstkritik brauchen wir?

Mich fragte einmal ein Mann, ob wir diese Selbstkritik nicht brauchen würden, um uns zu motivieren und zu verbessern. Wären wir ohne den inneren Kritiker nicht alle faul, gefräßig und selbstzufrieden? Unsere Selbstkritik hat zweifellos einen Vorteil. Damit können wir unsere Fehler schnell und gründlich erkennen. Sie bewahrt uns davor überzuschnappen und uns für ganz super-toll zu halten, obwohl wir herumstolpern und Fehler machen. Es ist gut, einen inneren Kritiker zu haben, der uns sagt, dass wir keine Blinddarmoperation durchführen können, nur weil wir so viele Ärzteserien im Fernsehen gesehen haben. Ein guter Kritiker würde uns auch davor bewahren, ein Formel-1-Rennen bei Nebel auf der Autobahn zu wagen. Und Autofahrern, die das versuchen, wünschen wir etwas mehr Selbstkritik.

Unsere Selbstkritik hat zweifellos einen Vorteil: Wir können unsere Fehler schnell und gründlich erkennen.

Zweifellos sind innere Kritiker starke Motoren, wenn es darum geht, sich selbst zu verbessern. Sie treiben Leute in die Fitness-Clubs, zum Friseur und auch in meine Seminare. Die gesamte Kosmetikindustrie lebt praktisch vom inneren Kritiker. Wenn plötzlich alle denken »Ich bin in Ordnung, so wie ich bin« – wer würde dann noch eine Anti-Falten-Creme kaufen? Oder sich beim Schönheitschirurgen unters Messer legen?

Brauchen wir einen inneren Kritiker? Das Ganze ist eine Frage der Dosierung. Ein wenig Selbstkritik kann nicht schaden, aber ein übermächtiger innerer Kritiker kann unsere Motivation komplett zerstören. Je größer unsere Selbstkritik ist, umso stärker sind unsere Minderwertigkeitsgefühle. Um leistungsfähig zu sein, brauchen wir jedoch ein gesundes Selbstwertgefühl, deshalb ist es so wichtig, den Kritiker zu erkennen und ihn in den Griff zu bekommen.

Je größer unsere Selbstkritik ist, umso stärker sind unsere Minderwertigkeitsgefühle.

Sind Sie auch so leicht verletzbar?

Viele Menschen sind es gewohnt, seit ihrer Kindheit mit sich unzufrieden zu sein. Diese Unzufriedenheit entsteht durch die Kommentare des inneren Kritikers. Einige von diesen Kommentaren können sogar sehr verletzend sein. Die Kritikerattacken sind wie ein Stachel, der sich in unsere Seele bohrt und dort eine Wunde hinterlässt. Der Gedanke »Ich bin hässlich« oder »Ich bin dumm« tut weh, auch wenn er zum hunderttausendsten Mal gedacht wird. Er hinterlässt eine Verletzung in der Seele. Eine Wunde, die nie richtig verheilen kann, weil immer wieder dort hineingestochen wird. Und diese seelischen Kerben machen uns anderen Menschen gegenüber sehr verwundbar. Vor allem, wenn jemand von außen genau in diese innere Verletzung hineinschlägt. Dazu ein Beispiel: Eine Frau hatte einen inneren Kritiker, der seit Jahren auf ihr herumhackte, weil ihre Beine angeblich zu dick wären. Er meinte, sie hätte zu dralle Waden und schwabbelige Oberschenkel. Diese Frau will in ihrem Urlaub eine Klettertour durchs Gebirge wagen. Und davon erzählt sie ihrem Kollegen. Der sagt spontan zu ihr: »Bergtouren? Das wäre nichts für mich. Aber bei Ihnen kann ich mir das gut vorstellen. Sie sind sportlich und stehen auf kräftigen Beinen.« Die Frau wird sofort giftig: »Was soll dieser blöde Spruch? Meine Beine gehen Sie nichts an! Kümmern Sie sich gefälligst um Ihren eigenen Bierbauch.« Ihr Kollege war sprachlos und fühlte sich völlig zu Unrecht

Die Attacken unseres inneren Kritikers bohren sich in unsere Seele.

von ihr angegiftet. Er wusste nicht, dass er mit seiner Bemerkung über ihre stabilen Beine einen wunden Punkt bei ihr berührt hatte. Die Frau hingegen war sich sicher, dass ihr Kollege sie kränken wollte. Seine Bemerkung tat ihr weh. Sie fühlte sich verletzt und dafür gab sie ihm die Schuld.

Zahlreiche Konflikte fangen so an. Eine harmlose Bemerkung, vielleicht eine kleine Anspielung, die aber genau den wunden Punkt des Gegenübers trifft. Und der Getroffene wehrt sich sofort. Und weil es sehr weh tut, fällt die Gegenwehr entsprechend heftig aus. Zugleich fühlt sich der andere, der jetzt attackiert wird, vollkommen unschuldig. Er lässt sich das nicht bieten und schlägt zurück. So eskaliert der Streit.

Erkennen Sie Ihre wunden Punkte

Wer schnell gekränkt ist, leidet unter einem starken inneren Kritiker, der die Seele von innen her verwundet. Wenn jemand von außen in diese Wunde schlägt, dann tut das weh. Und weil es weh tut, gehen wir automatisch davon aus, dass unser Gegenüber das auch absichtlich getan hat. Wir übersehen dabei, dass die Bemerkung nur deshalb so »unverschämt« oder »beleidigend« war, weil unser innerer Kritiker dort schon seit langem hineinsticht.

Diese inneren wunden Punkte erschweren ein Kritikgespräch und zwar in beide Richtungen. Viele empfindsame

Menschen gehen automatisch davon aus: Kritik bedeutet, verletzt zu werden. Und so vermeiden sie es häufig, anderen eine ehrliche Rückmeldung zu geben, aus Angst, sie könnten ihr Gegenüber kränken. Aber auch umgekehrt kann es schwierig werden. Wer durch die Attacken seines inneren Kritikers verwundet ist, hat meistens auch Angst davor, sich kritisieren zu lassen. Jedes Feedback könnte einen der wunden Punkte treffen und sehr weh tun. Deshalb brauchen gerade sensible, leicht verletzbare Menschen einen guten Schutz vor unsachlicher Kritik und Angriffen. Mehr dazu steht im nächsten Kapitel.

Wer schnell gekränkt ist, leidet unter einem starken inneren Kritiker.

Wenn Sie auf Kritik empfindlich reagieren, möchte ich Ihnen eines meiner Bücher ans Herz legen. Es trägt den Titel *So bin ich unverwundbar*. Dort finden Sie handfeste Strategien, mit denen Sie sich ein dickeres Fell zulegen können. Sie erfahren, wie Sie Ihre empfindsame Seele gut schützen können, um etwas über den Dingen zu stehen.

Das Beste, was wir mit unseren wunden Punkten tun können, ist, sie wahrzunehmen und dafür zu sorgen, dass wir uns selbst an dieser Stelle nicht mehr verletzen. Deshalb möchte ich Ihnen zum Abschluss dieses Kapitels einen Weg zeigen, wie Sie mit den Attacken Ihres inneren Kritikers fertig werden.

Wenn wir unsere wunden Punkte wahrnehmen, können wir dafür sorgen, dass wir uns an dieser Stelle nicht mehr verletzen.

Zunächst ist es wichtig, dass Sie Ihren Kritiker überhaupt bewusst erkennen. Der erste Schritt besteht darin, dass Sie Ihre selbstkritischen Gedanken ans Licht bringen. Und in den darauf folgenden Schritten geht es darum, das Geplapper des inneren Kritikers in Frage zu stellen. Ihm nicht mehr alles zu glauben *(siehe Strategie auf Seite 61)*.

Den eigenen inneren Kritiker zu bändigen ist eine Sache, die Zeit braucht. Schließlich hat dieser Teil der Seele Jahre oder Jahrzehnte gebraucht, um in Höchstform zu kommen. Ihn einzudämmen ist eine langfristige Angelegenheit, weil er Ihnen nicht alle seine Attacken auf einmal zeigt. Im Gegenteil, wenn Sie sehr wach und aufmerksam für Ihre kritischen Gedanken sind, werden Sie feststellen, dass kaum noch welche da sind. Bewusstes Wahrnehmen drängt den Kritiker zurück. Er plappert am liebsten, wenn Sie nicht so wachsam sind. Wenn Sie mit anderen Sachen beschäftigt sind oder wenn Sie im Bett liegen, kurz vor dem Einschlafen. Das Aufschreiben hilft enorm. Gedanken, die Sie zu Papier gebracht haben, müssen nicht immer wieder durch Ihren Kopf geistern. Außerdem können Sie so Ihre wunden Punkte leichter erkennen. Was wiederholt Ihr Kritiker ständig? Das ist die Stelle, in die er immer wieder hineinsticht und die Ihnen deshalb weh tut. Ein wunder Punkt. Jetzt wissen Sie, warum Sie auf bestimmte Bemerkungen allergisch reagieren und wodurch diese Empfindlichkeit ausgelöst wird.

Der innere Kritiker plappert am liebsten, wenn Sie nicht so wachsam sind.

Wenn Sie es für richtig halten, können Sie mit Ihrem Gegenüber über Ihre wunden Punkte reden. Vor allem in nahen Beziehungen, Partnerschaften und Freundschaften ist es gut, wenn wir wissen, wo der andere seine Empfindlichkeiten hat. Dann können wir verstehen, warum sich unser Gesprächspartner plötzlich von uns zurückzieht oder ärgerlich wird.

Wenn Sie Ihre wunden Punkte bewusst unter Ihre Fittiche genommen haben, fällt es Ihnen leichter, ein Feedback von anderen entgegenzunehmen. Sie haben weniger Angst vor der Kritik. Und Sie können auch mit unsachlichen Äußerungen gelassener fertig werden. Genau darum geht es im nächsten Kapitel. Dort erfahren Sie, wie Sie ein Feedback selbstsicher annehmen können und welche Kritik Sie getrost beiseite schieben können.

SO BÄNDIGEN SIE IHREN INNEREN KRITIKER

- Aufmerksamkeit: Achten Sie darauf, was Ihnen durch den Kopf geht. Besonders wenn Sie sich deprimiert, kraftlos oder ängstlich fühlen.

- Stoppen: Unterbrechen Sie die Attacken Ihres Kritikers. Stoppen Sie bewusst alle Gedanken, mit denen Sie sich selbst abwerten oder entmutigen.

- Begrenzen Sie die Sendezeit: Bisher konnte Ihr Kritiker Sie zu jeder Tages- und Nachtzeit erreichen. Damit ist jetzt Schluss. Geben Sie ihm einmal am Tag eine feste Sprechzeit. Eine Zeit, in der Sie ihm wirklich zuhören. Meistens reichen zehn Minuten. Ein wichtiger Hinweis: Wenn Sie versuchen, Ihrem Kritiker überhaupt keine Sendezeit zu geben, dann wird er sich das nicht gefallen lassen. Er wird sich wieder in Ihre alltäglichen Gedanken mischen, denn er lässt sich nicht einfach ausschalten.

- Aufschreiben: Ihr Kritiker hat seine Lieblingskritikpunkte, auf denen er immer wieder herumhackt. Was wiederholt er ständig? Das sind Ihre wunden Punkte. Schreiben Sie sie auf. Legen Sie sich ein Kritiker-Notizheft an und notieren Sie Wort für Wort seine Attacken. Damit holen Sie sein Gerede aus Ihrem Kopf heraus. Das ist ein weiterer Schritt, um mehr Distanz zu bekommen.

- Widersprechen Sie: Hartnäckige Kritiker können uns einen Floh ins Ohr setzen. Das ist ein Gedanke, der uns besonders quält. Etwa: »Das schaffst du nicht.« Oder bei jedem Blick in den Spiegel: »Vogelscheuche«. Widersprechen Sie. Sagen Sie genauso hartnäckig »Stimmt nicht!«, »Falsch!«, »Schaffe ich doch« oder »Himmelsstern«, wenn Sie in den Spiegel schauen.

So können Sie ein Feedback selbstsicher annehmen

Kritisiert werden, das ist für viele Menschen nichts, worauf sie sich freuen. Es ist für sie eher wie eine Behandlung beim Zahnarzt. Wenn's gut läuft, tut's nicht weh. Leider läuft es mit dem Kritisiertwerden oft nicht so gut und manchmal tut es sehr weh.

Vielen Menschen fällt es schwer, ein Feedback souverän entgegenzunehmen. Ich denke da an eine Architektin, die vor allem öffentliche Gebäude entwarf. Rathäuser und Schulen waren ihre Lieblingsaufträge. Sie war sehr erfolgreich, aber ihre Auftraggeber hatten oft noch etwas an ihren Entwürfen zu kritisieren. Teilweise waren das genau die Dinge, an denen ihr Herz hing. Sie entwarf ein transparentes Eingangsportal fürs Rathaus, aber der Bürgermeister wollte eine große Holztür. Sie konstruierte ein Schulgebäude, das verspielt und kreativ aussah. Ihre Verhandlungspartner wollten, dass die Schule mehr wie ein Bürogebäude wirkte. Wenn ihre Entwürfe angenommen wurden, war sie absolut glücklich, wurden dann aber einige Details kritisiert, reagierte sie persönlich gekränkt. In manchen Gesprächen kämpfte sie sogar mit den Tränen. Wenn das passierte, konnte sie sich nicht mehr sachlich mit ihren Gesprächspartnern auseinandersetzen. Oft lief sie während eines Gespräches einfach raus, weil sie nicht mehr weiterreden konnte.

Ähnlich erging es einem Berater, der für kleinere und mittlere Firmen Computersoftware erstellte. Er und seine Mitarbeiter testeten die Programme vor Ort ausführlich, aber dennoch gab es von Seiten der Kunden häufig Änderungswünsche. Jeden dieser Änderungswünsche empfand er als Kritik an seiner Arbeit. Und mit Kritik konnte er nicht umgehen. Nein, er weinte nicht. Er wurde wütend. Das ging von einem leisen Knurren bis hin zu einem Wutanfall. Durch seine emotionale Reaktion wurden sachliche Gespräche fast unmöglich gemacht. Den beiden hat eine Gesprächsstrategie sehr geholfen, die ich Ihnen gleich präsentiere.

Das sind Ihre Rechte, wenn Sie kritisiert werden

Erstaunlich viele Profis, vor allem Menschen, die mit viel Herzblut arbeiten, nehmen eine Kritik sehr persönlich und reagieren entsprechend heftig darauf. Manche versuchen eine mögliche Kritik zu vermeiden, indem sie alles 150-prozentig perfekt erledigen. Oft arbeiten diese Menschen angestrengt, bis zur Erschöpfung. Andere wiederum reagieren nach außen hin scheinbar gelassen. Sie hören sich eine Kritik an, sagen wenig dazu, aber machen sich hinterher tagelang Vorwürfe. Sie werden massiv von ihrem inneren Kritiker attackiert.

Ich selbst habe ein großes Herz für diese kritikempfindlichen Menschen. Ich mag ihr Engagement, mit dem sie arbeiten und ich kenne das Gefühl gut, wenn eine Kritik wie ein scharfes Messer direkt ins Herz schneidet.

Wie können wir uns das Feedback von anderen gelassen anhören, ohne uns innerlich davon treffen zu lassen? Bevor wir zu der Gesprächsstrategie kommen, mit der Sie eine Kritik selbstsicher entgegennehmen können, möchte ich auf die innere Haltung eingehen, mit der wir uns eine Rückmeldung anhören. Denn für Ihren selbstsicheren Umgang mit Kritik ist Ihre innere Haltung zu dem Thema Kritisiertwerden sehr wichtig.

Betrachten wir Kritik einmal ganz nüchtern. Andere Menschen zu kritisieren, ist ein Teil der freien Meinungsäußerung. Seine Meinung frei zu äußern, ist ein Grundrecht. Jeder hat das Recht, Sie zu kritisieren. Aber Sie haben ebenso das Recht, die Meinung anderer Menschen anzunehmen oder abzulehnen. Kritik ist wie ein Antrag, der an Sie gerichtet wird. Wenn Sie den Antrag annehmen, setzen Sie sich mit der Kritik auseinander. Das heißt nicht automatisch, dass Sie der Kritik auch inhaltlich zustimmen. Es heißt nur, dass Sie zuhören und sich damit beschäftigen.

Nur weil jemand Ihnen ein Feedback gibt, müssen Sie nicht zwangsläufig darauf eingehen.

Es steht Ihnen frei, eine Kritik grundsätzlich abzulehnen und sich überhaupt nicht damit auseinanderzusetzen. Nur weil jemand Ihnen ein Feedback gibt, müssen Sie nicht zwangsläufig etwas dazu sagen.

Das sind die grundsätzlichen Freiheiten, die jeder Mensch hat. Wie können Sie nun entscheiden, ob Sie sich mit einer Kritik auseinandersetzen wollen oder nicht?

Ein Feedback ist nur dann *für Sie* sinnvoll, wenn es Sie bereichert, wenn für Sie etwas Nahrhaftes darin steckt. Nahrhaft sind Informationen, die Sie weiterbringen, die Ihnen helfen, durch die Sie Ihre Arbeit verbessern können. Und so können Sie jede Kritik selbstsicher aufnehmen: Hören Sie sich an, was Ihr Kritiker zu sagen hat und suchen Sie in seinem Feedback nach Nährstoffen. Was kommt Brauchbares für mich dabei heraus? Das ist eine gute Frage, mit der Sie sich die Kritik von anderen gelassen anhören können. Ich nenne diese Haltung die »egoistische Nahrungssuche«.

Ein Feedback ist nur dann für Sie sinnvoll, wenn es Sie bereichert.

Selbstverständlich gibt es auch Rückmeldungen, die keinerlei Nährstoffe für Sie enthalten. Wenn nichts für Sie drin ist, dann heißt es: »Und tschüss!« Unbrauchbare Kritik ist in meinen Augen keine Kritik. Es ist stänkern, sticheln, sich einmischen oder schlechte Laune verbreiten. Wie Sie mit diesen Unsachlichkeiten locker fertig werden, kommt ein wenig später dran. Jetzt lassen Sie uns die praktische Gesprächsführung anschauen.

Mit der Kritik von anderen sollten Sie sich nur beschäftigen, wenn etwas Brauchbares für Sie dabei herauskommt.

Lenken Sie das Kritikgespräch

Zunächst ist wichtig, dass Sie das Kritikgespräch mitführen und nicht einfach über sich ergehen lassen. Die Zeiten, in denen uns eine Standpauke gehalten wurde, die wir mit gesenktem Kopf demütig erduldeten, diese Zeiten sind endgültig vorbei. Sie sind auf gleicher Höhe mit Ihrem Gesprächspartner. Nicht nur innerlich, sondern auch äußerlich auf gleicher Augenhöhe. Sie lenken das Gespräch so, dass Sie gut an die Nährstoffe herankommen.

Hören Sie sich die Rückmeldung in Ruhe an. Es gibt keinen Zwang, dass Sie sofort etwas sagen müssen, auch wenn Ihr Gegenüber das vielleicht gern hätte. Sie entscheiden, wann und wie Sie reagieren.

Das ist besonders wichtig, wenn jemand Sie mit einer sehr unerwarteten Kritik konfrontiert, die bei Ihnen heftige Gefühle auslöst. In so einem Fall antworten Sie erst nach einer Bedenkzeit. Sagen Sie Ihrem Gesprächspartner, dass Sie sich alles durch den Kopf gehen lassen: »Damit habe ich nicht gerechnet. Bevor ich dazu etwas sage, möchte ich in Ruhe darüber nachdenken. Lassen Sie uns heute Nachmittag noch einmal darüber reden.« Oder: »Ich brauche Bedenkzeit. Ich sage Ihnen morgen, wie ich darüber denke.« Diese verzögerte Reaktion ist in jedem Fall cleverer, als wenn Sie sich spontan um Kopf und Kragen reden, weil die Emotionen mit Ihnen durchgehen. Übrigens: In Ruhe nachzudenken, bevor Sie antworten, das gehört auch zu Ihren Grundrechten. Wenn Sie sich mit der Kritik auseinandersetzen, nehmen Sie sich Zeit, um genauer nachzufragen. Fragen Sie so lange, bis Sie genau verstehen, worum es Ihrem Gesprächspartner geht. Fragen Sie, bevor Sie widersprechen oder sich allzu schnell rechtfertigen. Anschließend sagen Sie Ihrem Gegenüber, wie Sie die Sache sehen, wie Sie die Kritikpunkte beurteilen. Um die Rückmeldung anderer Menschen gelassen aufzunehmen, ist es gut, wenn Sie sich zu Beginn des Feedbacks innerlich nur auf das Zuhören einstellen. Schalten Sie auf Aufnahme, so, als würden Sie alle Worte des anderen in einen Einkaufswagen laden. Dieses Bild von einem Einkaufswagen hat vielen meiner Seminarteilnehmer sehr dabei geholfen, während eines Feedbacks gelassen zu bleiben. Alles, was gesagt wird, packen Sie dort hinein. Später sortieren Sie die Sachen und entscheiden, was Sie davon mit nach Hause nehmen. Sie müssen nicht alles ›kaufen‹, was Ihr Gegenüber Ihnen sagt. Sie können wählen, was Sie von der Kritik akzeptieren und was nicht. Ich habe Ihnen die wichtigsten Gesprächstipps hier übersichtlich zusammengestellt.

Hören Sie sich das Feedback in Ruhe an und entscheiden Sie, wann und wie Sie reagieren.

Wenn Sie sich mit Kritik auseinandersetzen, nehmen Sie sich Zeit, um genauer nachzufragen.

KRITIK SELBSTSICHER ANNEHMEN

- Keine Macht dem Tratsch. Nehmen Sie keine Kritik an, die Ihnen über Dritte zugetragen wird nach dem Motto: »Ich hab gehört, der Thomas aus dem zweiten Stock findet deine Art, Sitzungen zu leiten, ganz scheußlich.« Sofort stoppen. Wer etwas zu kritisieren hat, wendet sich direkt an Sie, alles was hintenherum läuft, interessiert Sie nicht.

- Sorgen Sie für eine selbstsichere Ausstrahlung. Achten Sie darauf, dass Sie während des Kritikgespräches nicht in sich zusammensacken und in eine Geprügelter-Hund-Haltung gehen. Sitzen oder stehen Sie aufrecht, halten Sie Blickkontakt zu Ihrem Gegenüber.

- Einen kühlen Kopf behalten. Lassen Sie den anderen ausreden. Sie müssen nicht schnell oder spontan reagieren. Bleiben Sie ruhig stumm, vor allem, wenn das Feedback bei Ihnen heftige Gefühle auslöst. Lassen Sie die Wellen der Emotionen durch Ihren Körper toben. Nehmen Sie sich Ihre Verdauungszeit.

- Für Klarheit sorgen. Bevor Sie reagieren, vergewissern Sie sich, ob Sie Ihren Gesprächspartner wirklich verstanden haben. Nehmen Sie jede nebulöse

Andeutung, jede pauschale Äußerung aufs Korn. Meistens sind es genau diese schwammigen Anspielungen, die weh tun. Verlangen Sie präzise Angaben.

- Falsche Behauptungen sofort richtig stellen. Unterstellungen, Verdächtigungen und Lügen weisen Sie sofort zurück. Korrigieren Sie falsche Angaben und bleiben Sie dabei klar, streng und sachlich, so, als würden Sie über die korrekte Uhrzeit und das richtige Datum reden.

- Die eigene Sichtweise erläutern. Teilen Sie Ihrem Gegenüber mit, wie Sie die Dinge sehen. Erklären Sie, wie die Sache entstanden ist und was Sie sich dabei gedacht haben. Lassen Sie Ihre Stellungnahme nicht wie eine Verteidigungsrede klingen, sondern wie einen nüchternen Tatsachenbericht.

- Den eigenen Nutzen herausstellen. Wenn eine Kritik für Sie nützlich war, sagen Sie das Ihrem Gesprächspartner. Teilen Sie ihm oder ihr mit, was Sie ändern wollen oder welche Lösungen Sie vorschlagen.

Ihre Gefühle und wie Sie damit fertig werden

Selbst wenn Sie sehr sicher auftreten, kann es doch passieren, dass Sie von einer Kritik überrascht werden. Vielleicht waren Sie nicht darauf gefasst, wie heftig das Feedback ausfällt oder was alles kritisiert wird. Es kann gut sein, dass Sie trotz Ihrer gelassenen inneren Haltung von heftigen Gefühlen geschüttelt werden. Womöglich merken Sie, dass Ärger in Ihnen hochsteigt oder dass Sie sich angegriffen fühlen oder einfach nur traurig werden. Wie kann man mit solchen Emotionen während des Gesprächs umgehen? Gefühle sind einfach dazu da, dass wir sie fühlen. Wir müssen nichts mit ihnen machen. Sie müssen nicht vertieft werden, sie müssen auch nicht verdrängt werden. Pures Fühlen reicht vollkommen. Die Strategie, sich mit der Antwort Zeit zu lassen, ist dabei Gold wert. Bitten Sie bei allzu dramatischen Emotionen um eine Pause, in der Sie sich beruhigen können. Oft ist es eine gute Idee, wenn Sie Ihrem Gesprächspartner auch mitteilen, was in Ihnen vorgeht. Sprechen Sie darüber, was die Kritik in Ihnen auslöst.

Sprechen Sie darüber, was die Kritik in Ihnen auslöst.

Tun Sie das ganz schlicht, mit einfachen Worten. »Ich bin im Moment etwas aufgeregt, weil ich mit dieser Kritik nicht gerechnet habe. Ich brauch ein wenig Zeit, um mich zu sortieren.« Ihr Gesprächspartner erhält so einen Hinweis darauf, wie Sie seine Rückmeldung verarbeiten. Wie viel Sie von Ihren Gefühlen in Worten ausdrücken, hängt davon ab, wie die Beziehung zu ihrem Gegenüber ist. Eine nahe, persönliche Beziehung verkraftet in der Regel mehr Gefühle als eine unpersönliche, rein wirtschaftliche Beziehung. Und es hängt auch davon ab, wie geübt Sie darin sind, Ihre Emotionen anderen mitzuteilen. Je öfter Sie über Ihre Gefühle reden, desto leichter finden Sie auch die passenden Worte dafür.

Das aufrichtige Fehlermanagement

Lassen Sie uns zu einer wirklichen Nagelprobe für Ihre Selbstsicherheit kommen. Stellen Sie sich vor, Sie werden kritisiert und Ihr Kritiker hat hundertprozentig Recht. Sie haben einen Fehler gemacht, etwas vergessen, sich verrechnet, beim Einparken ein anderes Auto demoliert, jemanden zu Unrecht beschuldigt. Schlicht, Sie haben etwas falsch gemacht. Können Sie auch in dieser Situation selbstsicher und gelassen die Kritik von anderen annehmen?

Menschen, die sehr unsicher sind, neigen dazu, sich herauszureden, anderen die Schuld in die Schuhe zu schieben oder den Fehler zu vertuschen. Ich möchte Ihnen hier den Rücken stärken für ein klares, aufrichtiges Fehlermanagement. Auch hier hilft Ihnen eine gelassene innere Einstellung. Und die klingt so: Fehler passieren – daran ist nichts zu rütteln. Nur wer im Koma liegt, begeht keine Dummheiten. Wenn wir uns in die weite Welt hinauswagen,

Nur wer im Koma liegt, begeht keine Dummheiten.

etwas Neues ausprobieren, dann steigt die Wahrscheinlichkeit, dass etwas danebengeht. Zu jedem Wagnis, zu jeder kreativen Leistung gehören ein paar Dumm-gelaufen-Episoden. Und selbst wenn wir etwas sehr gut können, passieren uns Patzer. Um souverän damit fertig zu werden, können Sie eines nicht gebrauchen: das wilde Geplapper Ihres inneren Kritikers. Seine Kommentare machen die Sache noch schlimmer. Absolut überflüssig sind Gedanken wie diese:

Zu jeder kreativen Leistung gehören ein paar Dumm-gelaufen-Episoden.

»Was bin ich nur für ein Idiot (oder andere Schimpfworte).«
»Das hätte mir nicht passieren dürfen.«
»Dafür bin ich einfach zu dumm.«
»Das kapier ich nie.«

Lassen Sie solche Gedanken nicht zu einer Lawine heranwachsen, unter der Sie begraben werden. Stoppen Sie diese inneren Kommentare sofort und richten Sie Ihre Aufmerksamkeit auf das, was zu tun ist. Bügeln Sie den Fehler wieder aus. Und wenn alles vorbei ist, gilt: kein Herumgrübeln. Was geschehen ist, ist geschehen.

Bügeln Sie Fehler wieder aus und grübeln Sie nicht lange herum.

Ziehen Sie Ihre Konsequenzen und sorgen Sie dafür, dass Sie den Fehler nicht wiederholen. Lernen Sie Ihre Lektion. Nach außen ist es wichtig, dass Sie zu dem stehen, was falsch gelaufen ist. Übernehmen Sie die Verantwortung. Mit der folgenden Gesprächsstrategie können Sie einen Fehler selbstsicher zugeben:

FEHLER SELBSTSICHER ZUGEBEN

- Sagen Sie mit Ihren eigenen Worten, was Sie falsch gemacht haben, ohne sich dabei anzuklagen oder zu beschimpfen. Es reicht, wenn Sie sagen: »Ja, das habe ich vergessen.« »Da habe ich einen Fehler gemacht.« »Da habe ich mich geirrt.« »Ich war nicht pünktlich.«
- Fügen Sie eine aufrichtige Entschuldigung hinzu: »Tut mir Leid«, »Verzeihung!«, »Entschuldigen Sie bitte.«
- Falls nötig bieten Sie Ihrem Gesprächspartner eine Wiedergutmachung an. Ersetzen Sie den Schaden, bügeln Sie den Fehler wieder aus.
- Falls Ihr Fehler sehr groß war und eventuell auch juristische Folgen hat, holen Sie sich selbstverständlich alle Unterstützung, die Sie kriegen können. Lassen Sie sich beraten, schalten Sie einen Anwalt ein, überprüfen Sie, welche Versicherung den Schaden übernehmen kann.

Lassen Sie uns nun zu den Grenzbereichen der Kritik kommen. Dort, wo die vernünftige, nachvollziehbare Rückmeldung endet und die Seltsamkeiten beginnen. Zwei der häufigsten Seltsamkeiten möchte ich Ihnen hier vorstellen: Die unsachliche Kritik und die Einmischung in Ihre Angelegenheiten.

Lassen Sie sich unsachliche Kritik nicht gefallen

Es wird gern Kritik genannt, aber das ist ein Etikettenschwindel. In Wirklichkeit handelt es sich um eine Unsachlichkeit, oft auch um eine Provokation. Das klingt fast wie ein Feedback, aber es enthält keine Nährstoffe. Eine solche unsachliche Kritik hat viele Ursachen. Oft plappert unser Gesprächspartner einfach nur unüberlegt vor sich hin. Manchmal stecken auch Neid- und Konkurrenzgefühle dahinter. Wenn eine Kritik nicht nahrhaft, sondern eher giftig klingt, dann schlucken Sie sie nicht. Verweigern Sie die Annahme. Aber bevor wir gleich in die Gegenstrategie einsteigen, möchte ich Ihnen zunächst zeigen, wie Sie solche Unsachlichkeiten genau erkennen können. Denn nicht alles, was nach Unsachlichkeit klingt, ist auch im Kern unsachlich. Das liegt daran, dass manche Menschen Ihnen etwas Wichtiges sagen wollen, aber nie gelernt haben, sich gut auszudrücken. Wenn diese ungelernten Kritiker loslegen, vermischen sie ihre momentane

Stimmung mit Worten, die ihnen zufällig in den Sinn kommen. Das ergibt einen Redebrei, der unausgegoren und unsachlich klingt. Aber es kann sich dennoch um ein wertvolles Feedback handeln. Der Redebrei könnte durchaus interessante Nährstoffe für Sie enthalten.

Bevor Sie eine Unsachlichkeit abschmettern, überprüfen Sie, ob es wirklich kränkend gemeint war. Geben Sie Ihrem Gegenüber eine Chance, doch noch sachlich zu werden.

Geben Sie Ihrem Gegenüber eine Chance, sachlich zu werden.

Stellen Sie sich vor, Ihr Kollege sagt zu Ihnen: »Ich habe Ihren Bericht gelesen und muss sagen, dass Sie damit einen ziemlichen Bock geschossen haben.« Natürlich wissen Sie, dass die Formulierung »Bock geschossen« so etwas bedeutet wie, Sie hätten etwas falsch gemacht. Aber was wollte Ihr Kollege Ihnen damit *genau* sagen? Waren in dem Bericht zu viele Rechtschreibfehler? Fehlten Daten und Fakten? War er nicht witzig genug? Vielleicht würden Sie jetzt gern in eine Abwehrhaltung gehen und sofort kontern: »Ha, das ist keine konstruktive Kritik! Das muss ich mir nicht anhören.« Aber ich bitte Sie an dieser Stelle um Gnade für Ihren Kollegen. Denken Sie daran, die meisten Leute haben das Kritisieren nie gründlich gelernt. Sie machen es so gut sie es können, oft aus dem Bauch oder aus einer Laune heraus. Und das kann dann schon mal etwas schräg klingen. Bevor Sie einen unsachlichen Kritiker an die Wand drücken, prüfen Sie, was er Ihnen wirklich sagen will. Vielleicht hat er eine wertvolle Kritik in ein hässliches Geschenkpapier gepackt. Mit gezielten Fragen können Sie unter die abstoßende Verpackung schauen.

Trennen Sie die Unsachlichkeit von der nahrhaften Kritik

Ich habe eine sehr einfache Strategie entwickelt, mit der Sie eine unsachlich klingende Kritik nach Nährstoffen absuchen können. Diese Gesprächsstrategie trägt den Namen »Die entgiftende Gegenfrage«. Damit greifen Sie die unsachlichen Worte Ihres Gegenübers auf und fragen, was diese Worte eigentlich bedeuten. Hier ein Beispiel, um das zu verdeutlichen:

Der Kollege sagt zu Ihnen: »Mit Ihrem Bericht haben Sie einen ziemlichen Bock geschossen.« Die entgiftende Gegenfrage lautet: »Was genau meinen Sie mit ›Bock geschossen‹?«

Nun ist der Kollege dran. Er hat jetzt zu erklären, was er mit seinen Worten gemeint hat. Nehmen wir an, er sagt: »In dem Bericht fehlen die Quartalszahlen. Sie haben den Umsatz nicht angegeben.« Damit wurde er präzise und Sie können sich damit auseinandersetzen.

Hier hat die entgiftende Gegenfrage ein sachliches Feedback ans Licht gebracht. Durch diese Art nachzufragen, lenken Sie das Gespräch zurück zur Sachlichkeit. Und Sie übernehmen die Führung. Sie lenken das Gespräch. Wie heißt es so schön: Wer fragt, der führt. Das ist in jedem Fall besser, als sich von der Bemerkung des Kollegen provozieren zu lassen und ärgerlich zu werden. Zugleich gewinnen Sie Zeit. Statt sich in einen Streit zu verwickeln, stellen Sie eine Frage und dann ist erst einmal Ihr Gegenüber wieder dran. Sie werfen den Ball zurück und behalten einen kühlen Kopf.

Um die entgiftende Gegenfrage souverän anzuwenden, ist es wichtig, dass Sie die kränkenden Worte nicht mehr automatisch verstehen. Lassen Sie sich von Ihrem Gesprächspartner jede unsachliche oder herabsetzende Formulierung erklären.

Gewöhnen Sie sich bei frechen Sprüchen oder dummen Bemerkungen die Haltung an: *Kein Verständnis unter dieser Nummer*. Eine Unsachlichkeit oder eine dumme Bemerkung kann nur dann bei Ihnen landen, wenn Sie sie auch verstehen. Wenn Sie begreifen, was Ihr Gegenüber Ihnen sagen will. Ihr Verständnis ist eine überaus kostbare Leistung, die Sie erbringen. Achten Sie darauf, dass Sie diese Leistung nicht verschwenden, wenn jemand Sie mit einer unsachlichen Bemerkung attackiert. Anders ausgedrückt: Werfen Sie keine Perlen vor die Säue. Sie können jeden Angriff mit Worten, jeden blöden Spruch ganz einfach aushebeln: Stellen Sie Ihr Verstehen ab. Geben Sie Kontra, indem Sie die dumme Bemerkung einfach nicht kapieren. Tun Sie so, als würde der andere plötzlich in einer unbekannten Fremdsprache mit Ihnen reden. Setzen Sie Ihr Verstehen für die Sachen ein, die es wert sind, verstanden zu werden.

Bei frechen Sprüchen oder dummen Bemerkungen: Kein Verständnis unter dieser Nummer.

Die entgiftende Gegenfrage ist sehr leicht anzuwenden. Sie erfordert nicht viel Nachdenken und Sie können diese Strategie auch dann benutzen, wenn Sie geschockt sind, weil Ihr Gesprächspartner Sie aus heiterem Himmel mit einer dummen Bemerkung attackiert hat.

Hier das Prinzip, nach dem diese Gesprächsstrategie funktioniert:

SO KÖNNEN SIE FÜR MEHR SACHLICHKEIT SORGEN: DIE ENTGIFTENDE GEGENFRAGE

- Wiederholen Sie die unsachlichen Worte und fragen Sie, was sie bedeuten sollen. Die unsachliche Bemerkung lautet: »Sie haben bei diesem Projekt schlampig gearbeitet.« Die entgiftende Gegenfrage klingt dann so: »Was genau meinen Sie mit schlampig?«

- Die unsachliche Kritik: »Sie sind ja sonst ein tüchtiger Mitarbeiter. Deshalb hätte ich Ihnen so einen Schwachsinn nicht zugetraut.« Die entgiftende Gegenfrage: »Was genau verstehen Sie unter Schwachsinn?«

- Eine provozierende Bemerkung: »Du musst doch langsam mal einsehen, dass du in diesem Bereich etwas unterbelichtet bist.« Die entgiftende Gegenfrage: »Wie definierst du denn unterbelichtet?«

- Hören Sie sich nach jeder Frage in aller Ruhe die Antwort Ihres Gegenübers an. Wenn er oder sie wieder sachlich wird, setzen Sie das Gespräch fort. Wenn nicht, dann weisen Sie die unsachlichen Bemerkungen zurück und beenden das Gespräch.

Mit der entgiftenden Gegenfrage können Sie nur dort Sachlichkeit herauslocken, wo es auch welche zu holen gibt. Es kann sein, dass der andere einfach nur stänkern will. Das zeigt sich sofort an seiner Antwort auf Ihre entgiftende Frage. Zum Beispiel: »Was verstehen Sie unter ›einen Bock geschossen‹?«

Nehmen wir an, die Antwort lautet: »Sie wollen wissen, was ›Bock geschossen‹ heißt? Mein Gott, tun Sie doch nicht so naiv. Ihr Bericht ist total daneben.« Total daneben? Das ist keine sachdienliche Information, sondern nur eine neue Unsachlichkeit. Jetzt wissen Sie, woran Sie sind. Hier gibt es für Sie nichts Nahrhaftes, nur allgemeines Schlechtmachen. Sie können getrost umschalten auf die Abwehr dummer Sprüche.

Es gibt schlagfertige Anworten, mit denen Sie sich hervorragend wehren können. Zwölf der besten Kontra-Strategien finden Sie in meinem Buch *Die etwas intelligentere Art, sich gegen dumme Sprüche zu wehren*.

Welche Kontra-Strategie Sie anwenden, hängt zum einen von Ihrer Persönlichkeit ab und ob es Ihnen liegt, frech zu werden. Oder ob Sie lieber eine strenge, würdevolle Antwort geben möchten. Zum anderen spielt auch die Beziehung zu Ihrem Gegenüber eine Rolle. Verstehen Sie sich ansonsten ganz gut? Dann bietet sich ein witziger, aber harmloser Gegenspruch an, mit dem Sie Kontra geben und zugleich das Gespräch beenden. Etwa von der Sorte: »Mir gefällt die Art, wie Sie die Worte aneinander reihen.« Oder wollen Sie Ihrem Gegenüber klar zeigen, dass Sie sich diese Unsachlichkeiten nicht mehr bieten lassen? Wenn ja, dann verzichten Sie aufs Sprücheklopfen. In dem Fall ist es besser, gleich Klartext zu reden:

SO KÖNNEN SIE UNSACHLICHE BEMERKUNGEN ZURÜCKWEISEN

- Sprechen Sie in einem ruhigen, aber strengen Tonfall. Schauen Sie Ihrem Gegenüber dabei direkt in die Augen.
- Sagen Sie dem anderen, wie Sie behandelt werden wollen. Beispielsweise so: »Ich kann mit Ihren unsachlichen Bemerkungen nichts anfangen. Wenn Sie mir etwas Wichtiges sagen wollen, drücken Sie sich bitte klar und sachlich aus.« Oder so: »Von Ihnen kamen bisher nur Sticheleien, aber kein konstruktives Feedback. Ich brauche sachliche Informationen, um mich mit Ihnen auseinander zu setzen.«
- Falls Ihr Gegenüber trotzdem weiter stichelt, werden Sie genauso beharrlich. Lernen Sie von der Telefonansage. Der Satz »Kein Anschluss unter dieser Nummer« wird so lange wiederholt, bis endlich aufgelegt wird.

Wie Sie mit Unsachlichkeiten in Diskussionen fertig werden

Ich möchte Ihnen an einem weiteren Beispiel zeigen, dass Sie die beiden Gesprächsstrategien, die *entgiftende Gegenfrage* und das *Zurückweisen einer unsachlichen Bemerkung* auch in Diskussionen anwenden können. Einer Seminarteilnehmerin, ich nenne sie Margarete, fiel es schwer, ruhig und souverän mit den unsachlichen Kommentaren ihrer Kollegin umzugehen. Margarete stellte ihr Marketingkonzept auf einer Konferenz in der Firma vor. Eine Kollegin kommentierte Margaretes Arbeit mit den Worten: »Sie waren ja bienenfleißig. Aber trotzdem ist dieses Konzept einfach nur langweilig und altbacken.« Mehr sagte die Kollegin nicht. Margarete war empört über diese unqualifizierte Bemerkung. Sie begann mit einer langen ausführlichen Begründung, weshalb ihr Konzept nun doch spannend und neu sei. Aber je länger Margarete ihre Arbeit verteidigte, desto mehr bekam sie das Gefühl, dass ihr die Felle wegschwammen. Sie redete und redete, während die Kollegin zufrieden dasaß. Mehr und mehr bekam Margarete das Gefühl, sie würde sich vor versammelter Kollegenschaft langsam entblößen. Sie stand mit dem Rücken zur Wand und rechtfertigte sich, obwohl ihr Konzept gut war. Margaretes Abwehr gegen diese unsachliche Kritik bestand aus einem Schwall von Rechtfertigungen. Dadurch erweckte sie den Eindruck, unsicher zu sein.

Wir trainierten im Rollenspiel eine neue, souveräne Art, mit dieser Situation umzugehen. Dabei übte Margarete die entgiftende Gegenfrage und das Zurückweisen von unsachlichen

Bemerkungen. Ich übernahm die Rolle der Kollegin und Margarete spielte sich selbst.

Ich als Kollegin: »Sie waren ja bienenfleißig. Aber ihr Konzept ist langweilig und altbacken.«

Margarete: »Was meinen Sie mit langweilig?«

Kollegin: »Nun, das Ganze ist doch Schema F.«

Margarete: »Was verstehen Sie unter Schema F?«

Kollegin: »Na ja, halt das Übliche, nichts Neues. Ein einfallsloses Marketingkonzept.«

Margarete: »Ich habe jetzt schon zwei mal nachgefragt, aber bisher sind Sie mit Ihren Einwänden unkonkret und unsachlich geblieben. Ich kann damit beim besten Willen nichts anfangen. Ich will aber gern noch mal darauf eingehen, welche Punkte in dem vorliegenden Konzept besonders spannend sind. Da ist zuerst einmal die Präsentation des Produktes ...« Margarete sprach über die wichtigsten Punkte ihres Konzeptes. Das unsachliche Genörgel der Angreiferin ließ sie links liegen. Sie wirkte dabei selbstsicher und ruhig. Nach dem Rollenspiel sagte sie: »Das Nachfragen war sehr gut. Dadurch habe ich die Kontrolle behalten und bin nicht in eine negative Stimmung gekommen. Keines der unsachlichen Worte hat mich getroffen. Ich habe den Ball einfach zurückgeworfen.«

Wenn Sie eine unsachliche Kritik auf diese gelassene und selbstsichere Art zurückweisen, haben Sie ein großes Kunststück vollbracht. Das gelingt nur wenigen Menschen im Alltag. Oft ist eine stichelnde Bemerkung der Anlass für den anderen, ebenfalls unsachlich zu werden. Und schon befinden sich beide in einer Spirale von Angriff und Gegenangriff.

Und jeder deutet mit dem Zeigefinger auf den andern: »Ich wehre mich nur. Der hat angefangen.« Kurz gefolgt von: »Ich sehe überhaupt nicht ein, warum ich hier nachgeben soll. Ich lass mich doch nicht unterbuttern.« Es hätte eine clevere Antwort auf die erste Unsachlichkeit gereicht, um diese kräfteraubende Streiterei zu verhindern. Wenn Sie eine dumme Bemerkung gelassen beiseite schieben können, haben Sie gewonnen.

Wenn Sie eine dumme Bemerkung gelassen beiseite schieben können, haben Sie einen Ehrendoktortitel in Sachen Kritik verdient.

Lassen Sie uns zu einer weiteren Seltsamkeit aus dem Bereich der Kritik kommen. Ihr Gegenüber kritisiert etwas an Ihnen, was allein Ihre Sache ist. Es geht den anderen im Grunde nichts an. Das ist ein Feedback, das Sie weder wollen noch brauchen.

Keine Einmischung in Ihre Angelegenheiten

Nicht alles, was Sie tun, steht zur Beurteilung. Es gibt Bereiche in Ihrem Leben, die gehen andere Menschen schlicht nichts an. Die Art, wie Sie morgens duschen oder sich den Käse aufs Brot legen, das ist allein Ihre Sache. Hier haben andere Menschen mit ihrem Feedback nichts zu suchen. Das ist Ihre kritikfreie Zone.

Wie groß dieser persönliche Bereich ist, lässt sich nicht haargenau festlegen. Es hat etwas mit der Nähe zu anderen

Personen zu tun. Wenn wir eng mit jemandem zusammenleben oder schon lange befreundet sind, lassen wir diese Person meistens dichter an uns herankommen. Und dieser vertraute Mensch darf auch schon mal etwas zu unseren sehr privaten Dingen sagen. Da kann es vorkommen, dass das Parfüm oder Rasierwasser kritisiert wird oder dass darüber diskutiert wird, ob man sich mit einem spitzen Küchenmesser die Fingernägel sauber machen darf. Auch in sehr nahen Beziehungen gibt es jedoch Grenzen der Kritik. Dinge, bei denen wir sagen: *Das geht dich nichts an.* Darin drückt sich unser Bedürfnis nach Selbstbestimmung aus. Wir wollen uns nicht in alles hineinreden lassen. Und schon kleine Kinder fangen an, ihren eigenen Bereich abzustecken. Sie wollen selbst bestimmen, welches Stofftier sie abends mit ins Bett nehmen, welche Jacke sie anziehen wollen und ob die Kartoffeln auf dem Teller zermatscht werden oder ganz bleiben sollen.

Auch in sehr nahen Beziehungen gibt es Grenzen der Kritik.

Wenn ein Feedback zu weit geht

Wenn wir merken, dass uns die Kritik zu weit geht, ist das ein Zeichen dafür, dass bei uns eine Grenze überschritten wurde.

Handelt es sich um eine berechtigte Kritik oder ist es schon eine Einmischung? Letztlich können wir uns hier nur auf unser Gefühl verlassen. Immer dann, wenn wir merken, dass uns die Kritik zu weit geht, zu intim wird, ist das ein Zeichen dafür, dass bei uns eine Grenze überschritten wurde. Und es kann gut sein, dass unser Gegenüber diese Grenze an dieser Stelle nicht hat. Zwischen Eltern und Kindern kommt es häufig zu solchen Grenzstreitigkeiten. Da kommt die Mutter zu Besuch und hilft ihrer erwachsenen Tochter beim Tischdecken. Dabei kritisiert sie die Geschirreinteilung in der Küche ihrer Tochter: »Schatz, wenn du die Messer und Gabeln hier in diese Schublade legen würdest, wäre das viel praktischer. Und die Tassen stehen bei dir auch viel zu hoch im Schrank. Die könnten besser weiter unten stehen.« Nützliche Kritik oder Einmischung in die inneren Angelegenheiten? Hier hilft nur, dass die Tochter *fühlt*, ob das zu weit geht oder ob sie die Kommentare ihrer Mutter locker hinnehmen kann, vielleicht sogar ganz praktisch findet. Aber auch umgekehrt mischen sich erwachsene Kinder gern in das Leben ihrer Eltern ein: »Nein Papa, so geht das nicht. Jetzt, wo du pensioniert bist, kannst du doch nicht den ganzen Tag zu Hause rumsitzen. Du musst dir ein Hobby suchen. Am besten etwas mit Bewegung, damit du nicht einrostest. Du und Mama, ihr solltet euch einem Tanzverein anschließen. Tanzen hat euch doch früher immer Spaß gemacht.«

Viele dieser Grenzüberschreitungen finden in bester Absicht statt. Wir sorgen uns um unsere Liebsten. Wir wollen, dass sie ein schönes Leben haben. Und schon sind wir dabei, ihre Entscheidungen zu kritisieren und ihnen unsere eigenen Lebensrezepte aufs Auge zu drücken. Einmischung in die Angelegenheiten anderer Leute hat viel zu tun mit der Einstellung »Ich weiß es besser«. Oft gepaart mit »Ich will dir ja nur helfen«.

Wenn Sie sich nicht sicher sind, ob eine Kritik bereits eine Einmischung ist oder nicht, können Sie sich an Ihrem Gefühl orientieren. Vertrauen Sie Ihren Empfindungen und handeln Sie danach. Was Sie genau sagen können, um die Einmischung zu verhindern, hängt davon ab, wer Ihnen gegenüber steht. Ist es ein Familienmitglied, die Nachbarin oder ein Kollege? Bei manchen Menschen reicht es, wenn Sie die Einmischung einfach ignorieren und links liegen lassen. Das können Sie mit nichtssagenden Worten tun, wie: »Ach, was!« oder »Aha!«. Mehr sagen Sie nicht dazu. Und dann vergessen Sie das Ganze.

Etwas anders sieht es aus, wenn Ihr Gegenüber für Sie ein wichtiger Mensch ist, zum Beispiel Ihr Partner oder Ihre Partnerin, Mutter oder Vater, beste Freundin oder bester Freund. Dann kann es wichtig sein, dass Sie für mehr Klarheit sorgen und die Einmischung deutlicher zurückweisen. Zeigen Sie ihrem Gegenüber, dass bei Ihnen eine Grenze erreicht ist. Sie können das tun, ohne dabei ein großes Drama vom Zaun zu brechen. Oft reichen einfache Sätze, die Sie sehr bestimmt aussprechen. Wie das konkret funktionieren kann, will ich

Ihnen gern an einem praktischen Beispiel zeigen. Kommen wir noch einmal zurück auf die Mutter, die ihrer Tochter beim Tischdecken hilft. Die Mutter kritisiert, wie unpraktisch das Besteck und die Tassen in den Küchenschränken angeordnet sind. Nehmen wir einmal an, die Tochter würde das als Einmischung in ihre Angelegenheiten empfinden. Wie könnte sie die Kritik zurückweisen, ohne dabei mit ihrer Mutter einen Streit anzufangen?

Zunächst ist es wichtig, dass die Tochter in einem ruhigen, gern auch freundlichen Tonfall spricht: »Mutti, *du* würdest das Geschirr in *meiner* Küche anders einsortieren. Aber *ich* komme mit der Einteilung meiner Küchenschränke prima zurecht. Das bleibt so.« Gut möglich, dass diese kurze Grenzziehung schon ausreicht, um die Einmischung der Mutter zu beenden. Falls die Mutter jetzt sagt: »Na ja, das geht mich auch nichts an«, reicht ein lächelndes »Stimmt!« als Antwort.

Aber lassen Sie uns den Fall ruhig etwas schwieriger machen. Nehmen wir einmal an, die Mutter gibt nicht so schnell auf, sondern bleibt beharrlich bei ihrer Einmischung. Etwa so: »Aber Kind, das Geschirr muss doch so stehen, dass man die Sachen, die man häufig braucht, schnell herausnehmen kann. Darüber hast du dir wahrscheinlich keine Gedanken gemacht. Schau her, wenn du die großen Teller nach oben stellen würdest, hättest du hier Platz für die Tassen.« Das verlangt nach einer noch deutlicheren Grenzziehung. Wenn die Einmischung mit sanften Worten nicht beendet werden kann, ist es Zeit, das große *Stopp-Schild* herauszuholen. Aber auch hier bin ich eine Freundin der höflichen Kommunikation. Denken Sie daran, dass über neunzig Prozent aller Einmischungen nett gemeint sind – auch wenn sie uns nerven. Also nicht gleich mit Kanonen auf Spatzen schießen. Wir müssen jetzt nicht aggressiver oder aufgebrachter reden. Es reicht, wenn wir *noch deutlicher* werden. Die Tochter könnte das so machen (mit Blickkontakt zur Mutter und einem entschlossenen Tonfall): »Mutti, wie ich meine Küchenschränke einräume, ist allein meine Sache. Ich weiß, du meinst es nur gut, aber ich bleibe bei meiner Einteilung, auch wenn du sie nicht richtig findest.« Das sind klare Sätze. Falls die Mutter immer noch nicht aufgibt, kann die Tochter ebenso hartnäckig diese Sätze in verschiedenen Variationen wiederholen – ohne sich dabei aufzuregen. Einfach immer wieder das Stopp-Schild hochhalten, bis die Mutter merkt, dass ihre Kritik nicht angenommen wird. Und das kann unter Umständen etwas länger dauern.

Oftmals ist es Zeit, das große Stopp-Schild herauszuholen.

Wenn Sie eine Einmischung in Ihre Angelegenheiten stoppen wollen, habe ich noch einen wichtigen Tipp für Sie: Lassen Sie die Meinung Ihres Gesprächspartners einfach im Raum stehen. Bleiben Sie konsequent und signalisieren Sie »Das ist meine Sache. Darüber wird nicht diskutiert«. Gehen Sie nicht inhaltlich auf die Kritik ein. Für die Tochter aus dem Beispiel bedeutet das, keine Auseinandersetzung mit der Mutter darüber, wo die Tassen und das Besteck hingehören. Wenn Sie anfangen, über die Details der Kritik zu diskutieren, haben Sie die Einmischung schon akzeptiert.

Bleiben Sie konsequent und signalisieren Sie: »Das ist meine Sache. Darüber wird nicht diskutiert.«

Hier die Zusammenfassung der Gesprächsstrategie:

WIE SIE DIE EINMISCHUNG IN IHRE ANGELEGENHEITEN STOPPEN KÖNNEN

- Fühlen Sie, ob die Kritik Ihnen zu weit geht. Nehmen Sie Ihr Gefühl ernst, wahrscheinlich handelt es sich um eine Einmischung.

- Zeigen Sie Ihrem Gesprächspartner, dass Sie hier allein entscheiden. Wenn es sich um einen harmlosen Fall der Einmischung handelt, können Sie die Sache mit wenig Energie beiseite schieben: Antworten Sie auf die Einmischung etwa so: »Interessant, was du da sagst. Ich denk mal drüber nach.« »Das lass ich mir durch den Kopf gehen.« Oder einfach nur: »Ach was!«

- Diskutieren Sie nicht über die Kritik. Bringen Sie keine Gegenmeinung hervor, keine eigenen Argumente. Zeigen Sie deutlich, dass das, was Ihr Gegenüber sagt, nicht für Sie gilt.

- Wenn Ihr Gesprächspartner nicht locker lässt, werden Sie noch deutlicher. Sprechen Sie nicht aggressiv, dafür aber streng und eindeutig: »Danke für deine Ratschläge, aber das ist allein meine Sache. Das entscheide ich.« »Da haben wir unterschiedliche Ansichten und ich mache das so, wie ich es für richtig halte.« »Sie würden das an meiner Stelle ganz anders anpacken, aber Sie sind nicht an meiner Stelle.«

- Falls Ihr Gegenüber nicht locker lässt und sich weiterhin bei Ihnen einmischt, können Sie auch beharrlich werden. Schalten Sie um auf gelassene Hartnäckigkeit und wiederholen Sie Ihr »Nein danke, keine Einmischung« so lange, bis der andere aufgibt.

Bisher ging es sehr viel um die Schwierigkeiten beim Kritisiertwerden, aber zum Abschluss möchte ich mit Ihnen auf die Sonnenseite der Kritik gehen. Dort, wo die Rückmeldung von anderen für uns ein echter Glücksfall ist. Denn ein nützliches Feedback kann uns das Leben, vor allem das Arbeiten, enorm erleichtern.

Zu guter Letzt: Kritik? Ja, herzlich willkommen!

Das Feedback von anderen kann ein wertvolles Geschenk sein. Besonders dann, wenn wir mit unseren Produkten und Dienstleistungen Geld verdienen. Wir brauchen die Kritik von unseren Abnehmern, Kunden, Klienten, Teilnehmern. Wie könnten wir ohne ein Feedback wissen, ob das, was wir abliefern, für sie auch nützlich ist? Trifft unsere Leistung den wirklichen Bedarf oder könnten wir sie noch brauchbarer gestalten? Fehlt etwas oder tun wir in einem Bereich viel zu viel? Statt nun darüber lange zu spekulieren oder mit Vermutungen zu jonglieren, können wir unsere Abnehmer einfach fragen. Sie sind die Experten für Brauchbarkeit. Sie wissen, was für sie nützlich ist und was nicht. Also her mit der Kritik! Das Feedback von anderen schützt uns vor unserer eigenen Betriebsblindheit. Es hilft uns dabei, unsere Leistung mit anderen Augen zu sehen. Mit den Augen derjenigen, die diese Leistung in Empfang nehmen.

In meiner Arbeit als Kommunikationstrainerin musste ich manchmal regelrecht nach Kritik suchen. Nach einem zwei- oder dreitägigen Seminar waren alle Teilnehmer begeistert von dem, was sie gelernt haben, und sehr angetan von der guten Atmosphäre in der Gruppe. Am Ende sagten alle nur, wie wunderbar das Seminar gewesen sei und dass es nichts daran zu kritisieren gäbe. Aber das brachte mich nicht wirklich weiter. Ich merkte selbst, dass das Seminar gut gelaufen war. Aber ich wusste nicht, *was genau* so gut funktioniert hatte. Ich brauchte mehr Informationen von meinen Teilnehmern. Und so fing ich an, die Kritik hervorzulocken. Ich fragte die Gruppe: »Was *genau* hat Ihnen gut gefallen?« Die Teilnehmer zählten viele Teile des Seminars auf und ich achtete darauf, welche sie *nicht* aufzählten. Eine weitere Frage brachte noch genauere Informationen ans Licht: »Wenn ich das Seminar noch einmal machen würde, gäbe es dann Teile oder Übungen, die ich weglassen oder kürzen könnte?« Bei dieser Frage wurde die Gruppe nachdenklich. Jetzt wurde es für mich interessant. Zögernd kam eine Antwort: »Ja, vielleicht könnten Sie Ihre allgemeinen Erklärungen zur Wirkungsweise der Kommunikation etwas kürzen. Erst als Sie das im Rollenspiel selbst vormachten, wurde mir das richtig klar. Das Rollenspiel war klasse.« Ich schaute in die Runde – allgemeines Kopfnicken. Ein anderer Teilnehmer sagte: »Ja, das praktische Zeigen war viel besser.« Erstaunlich! Ich dachte, dieser kleine Vortrag wäre eine Spitzenleistung gewesen. Daran hatte ich tagelang gearbeitet. Nun stellte sich heraus, dass er für meine Teilnehmer nicht so

Das Feedback von anderen schützt uns vor unserer eigenen Betriebsblindheit.

brillant war, wie ich dachte. Und das Rollenspiel, das ich eher für eine Nebensache hielt, war viel geeigneter für sie. Ich folgte diesem Feedback. Ich kürzte meinen Vortrag und baute das Rollenspiel aus. Beim nächsten Seminar gab es daran nichts mehr auszusetzen.

Jede Kritik nach einem Seminar oder Vortrag hat dafür gesorgt, dass ich mit meiner Arbeit für meine Teilnehmer immer nützlicher wurde. Und das hatte zur Folge, dass ich weiterempfohlen wurde und immer mehr Aufträge bekam. Firmen engagierten mich häufiger und wurden im Laufe der Zeit zu Stammkunden. Mühe allein genügt nicht. Kritik ist einer der wichtigsten Bausteine für ein erfolgreiches Geschäft.

Kritik ist einer der wichtigsten Bausteine für ein erfolgreiches Geschäft.

Manchmal glauben Menschen, wenn sie sich nur genug anstrengen und fehlerfrei arbeiten, wären sie auf der sicheren Seite. Sozusagen über alle Kritik erhaben. Aber es kann sein, dass trotz aller Mühe unsere Arbeit für andere Menschen nicht so brauchbar ist, wie wir dachten. Anstrengung und Fehlerlosigkeit sind keine Garantie für den Erfolg.

Erst durch die Rückmeldung unserer ›Kundschaft‹ (und dazu kann auch der Chef gehören) können wir unsere Arbeit auf Hochglanz polieren.

Wenn Sie keine Angst mehr vor Kritik haben, fällt es Ihnen leichter, andere Menschen um eine Rückmeldung zu bitten. Denken Sie daran, dass *Sie entscheiden*, welche Nährstoffe Sie sich aus dem Feedback herausholen. Und manchmal braucht Ihr Gegenüber eine kleine Hilfestellung von Ihnen, um Ihnen überhaupt eine brauchbare Rückmeldung liefern zu können.

Zum Abschluss möchte ich Ihnen zeigen, wie Sie mit einer ganz einfachen Gesprächsstrategie andere Menschen um ein nahrhaftes Feedback bitten können *(siehe Gesprächsstrategie Seite 96)*.

Wenn Sie andere Menschen um ein Feedback bitten, denken Sie bitte an zwei Punkte. Erstens: Es kann gut sein, dass jemand Ihnen keine Rückmeldung geben kann oder will. Muss er oder sie auch nicht. Das Ganze ist freiwillig. Drängen Sie niemanden dazu, etwas zu Ihrer Arbeit zu sagen. Und zweitens: Manchmal werden Dinge kritisiert, die sich nicht so einfach ändern lassen. Es ist klug, während des Feedbacks dem anderen nichts zu versprechen. Ob Sie etwas ändern oder nicht, können sie besser entscheiden, wenn Sie Zeit zum Nachdenken haben. Am besten gehen Sie so vor: Rückmeldungen einsammeln, später in aller Ruhe sortieren und dann überlegen, was sich daraus machen lässt.

Es ist klug, während des Feedbacks anderen nichts zu versprechen.

Wenn Ihre Angst vor Kritik abnimmt, können Sie sich freier und ungezwungener mit anderen Menschen austauschen. Hören Sie sich das an, was andere zu sagen haben, ohne sich gleich darin zu verwickeln. Sie müssen sich nicht jeden Schuh anziehen, der Ihnen vor die Füße geworfen wird. Aber Sie müssen ihn auch nicht bekämpfen. Sie können selbstsicher und gelassen bleiben. Selbstverständlich gibt es immer wieder etwas zu kritisieren, denn wir sind alle unvollkommen. Aber jede brauchbare Kritik ist eine Chance, persönlich zu wachsen und herauszufinden, was funktioniert. Ich hoffe, Sie bekommen viele Rückmeldungen, durch die Sie sich bereichert fühlen. Dabei wünsche ich Ihnen von Herzen alles Gute.

SO KÖNNEN SIE ANDERE MENSCHEN UM EIN NÜTZLICHES FEEDBACK BITTEN

- Wählen Sie einen passenden Moment, nachdem Sie Ihre Arbeit abgeliefert haben und fragen Sie Ihr Gegenüber nach seiner oder ihrer Meinung dazu.
- Lassen Sie Ihrem Gesprächspartner Zeit zum Nachdenken.
- Pauschale und allgemeine Äußerungen wie »ganz toll«, »gut« oder »recht ordentlich« nützen Ihnen nichts. Fragen Sie bei solchen Anworten nach, was genau daran »toll« oder »recht ordentlich« ist. Bitten Sie um eine präzise Beschreibung.
- Versuchen Sie herauszubekommen, wie Sie Ihre Arbeit/Ihre Produkte noch nützlicher gestalten können. Beispielsweise so: »Was würden Sie an meiner Stelle verbessern oder verändern?« »Wie könnte ich das noch brauchbarer (erfolgreicher, stärker, größer etc.) machen?«
- Achten Sie darauf, welche Aspekte oder Teile Ihrer Arbeit nicht erwähnt wurden. Fragen Sie gezielt.
- Nehmen Sie das, was Ihr Gegenüber sagt, dankend entgegen. Aber denken Sie auch daran, dass eine Rückmeldung immer auch den persönlichen Geschmack des Feedbackgebers ausdrückt. Um einen objektiveren Eindruck zu bekommen, kann es sinnvoll sein, mehrere Menschen um eine Kritik zu bitten.

Informationen über die CD

Anlässlich der Solothurner Gesundheitstage hielt Barbara Berckhan einen Vortrag zum Thema »Angst vor Kritik«. Der Saal war voll, viele Zuhörer und Zuhörerinnen wollten von der Hamburger Kommunikationsspezialistin erfahren, was man tun kann, wenn einen etwas an einem anderen Menschen stört. Mit anderen Worten, wie sagt man etwas Unangenehmes, ohne die Beziehung zu belasten? Und wie kann man Kritik üben und zwar so, dass sie auch ankommt? Daneben interessierte die Zuhörenden aber auch, welche Tipps Barbara Berckhan auf Lager hat, wenn man selbst kritisiert wird. Gibt es einen Weg, kritisches Feedback nicht als Kränkung oder Angriff aufzufassen?

Diesen sehr lebendigen und humorvollen Vortrag nahm Cornelia Kazis, Redakteurin beim Schweizer Radio DRS, zum Anlass, eine halbstündige Sendung mit dem Titel »Vom etwas intelligenteren Umgang mit Kritik« zu produzieren. Die diesem Powerpack beiliegende CD ist die leicht veränderte Fassung dieser Radiosendung.

BARBARA BERCKHAN BEI KÖSEL

Die etwas gelassenere Art, sich durchzusetzen
Ein Selbstbehauptungstraining für Frauen
München, 19. Aufl. 2002
ISBN 3-466-30379-6

Die etwas intelligentere Art, sich gegen dumme Sprüche zu wehren
Selbstverteidigung mit Worten.
Ein Trainingsprogramm
München, 15. Aufl. 2002
ISBN 3-466-30446-6
Hörkassette:
ISBN 3-466-45705-X

Zusammen mit Carola Krause und
Ulrike Röder
Die erfolgreichere Art (auch Männer) zu überzeugen
ISBN 3-466-30491-1
München 1999

So bin ich unverwundbar
Sechs Strategien, souverän mit Ärger und
Kritik umzugehen
München, 6. Aufl. 2002
ISBN 3-466-30521-7

Schluss mit der Anstrengung!
Ein Reiseführer in die Mühelosigkeit
München, 2. Aufl. 2002
ISBN 3-466-30572-1

KÖSEL

Kompetent & lebendig

INFORMATIONEN